DR. JO

EL
DESPERTAR
DE LA
GRACIA
EN EL
LIDERAZGO

Un compromiso
total por las **misiones**

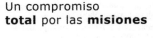

Publicado por
Unilit
Medley, FL 33166

Primera edición 2013
Primera edición 2015 (Serie Bolsillo)

El despertar de la gracia en el liderazgo (Edición ampliada)
© 1995 por Operation Movilization (Ayudando a cumplir la gran comisión)
© 2010 por George Verwer (Grace-Awakened Leadership)

Publicado originalmente en inglés con el título:
Grace-Awakened Leadership por George Verwer.
Publicado por Authentic Books.
Authentic Books es un sello de Authentic Media, una división de
OM Books Foundation.
Todos los derechos reservados.

Edición: *Nancy Pineda*
Diseño de la cubierta e interior: *Ximena Urra*
Fotografía: © 2013 Sarunyu_foto; RetroClipArt. Usada con permiso de
Shutterstock.com.

A menos que se indique lo contrario, el texto bíblico ha sido tomado de la
Santa Biblia, *Nueva Versión Internacional* ®NVI®. Propiedad literaria
© 1999 por Biblica, Inc. ™. Usado con permiso. Reservados todos los
derechos mundialmente.
Las citas bíblicas señaladas con LBLA se tomaron de LA BIBLIA DE LAS
AMERICAS® Copyright (c) 1986, 1995, 1997 por The Lockman Foundation
Usadas con permiso. www.lbla.org.
El texto bíblico señalado con RVC ha sido tomado de la versión Reina Valera
Contemporánea ® © Sociedades Bíblicas Unidas, 2009, 2011.
Antigua versión de Casiodoro de Reina (1569), revisada por Cipriano de
Valera (1602). Otras revisiones: 1862, 1909, 1960 y 1995.
Reina Valera Contemporánea® es una marca registrada de Sociedades Bíblicas
Unidas y puede ser usada solo bajo licencia.
Usadas con permiso.

Producto 499163 • ISBN 0-7899-2233-9 • ISBN 978-0-7899-2233-5

Impreso en Colombia / *Printed in Colombia*

Categoría: Ayudas pastorales / Liderazgo
Category: Pastoral Help / Leadership

Contenido

capítulo 1

La **gracia** y sus **enemigos**

Una de las principales razones por las que decidí escribir este libro fue dar un grito del corazón por el «despertar de la gracia» en el campo de las obras misioneras. Este término, «despertar de la gracia», viene del título del libro de Charles Swindoll: *El despertar de la gracia*, el cual nos ha hablado de manera muy poderosa a mí y a muchos miles de personas en los últimos años. El libro comienza con un recordatorio de que los cristianos son salvos por la fe a través de la muerte expiatoria de nuestro Señor Jesucristo en la cruz y que no tenemos nada que ofrecerle a cambio. Nosotros solo podemos aceptar su regalo gratuito dado a nosotros por gracia. Swindoll dice: «Una vez que captamos su significado vertical [de la gracia] como un regalo gratuito de Dios, gran parte de la gracia horizontal (nuestra extensión hacia otros) cae de forma automática en su lugar»*.

De esa «gracia horizontal» es que quiero escribir en este capítulo: la cualidad que nos permite reconocer que los cristianos y los grupos de cristianos, incluyendo nuestro grupo, son libres en Cristo del legalismo, a fin de crecer y trabajar a medida que Él nos guía: «Cristo nos libertó para que vivamos en libertad. Por lo tanto, manténganse firmes y no se sometan nuevamente al yugo de esclavitud» (Gálatas 5:1).

Muchos escritores espirituales han enfatizado el mismo mensaje. *Personal Revival*, de Stanley Voke, es otro libro que me ha hablado de manera poderosa acerca de esta verdad de la gracia, junto con *El camino del Calvario*, de Roy Hession, cuya lectura se ha recomendado en Operación Movilización desde sus inicios. Estos y muchos libros más nos señalan las Escrituras donde grandes pasajes como 1 Corintios 13 y Efesios 4 nos muestran cómo vivir en comunión unos con otros.

---

* Tomado de *El despertar de la gracia*, por Charles Swindoll, © 1990 Word Publishing, EE.UU., reservados todos los derechos. Usado con permiso.

El amor es paciente, es bondadoso.
El amor no es envidioso ni jactancioso ni
orgulloso. No se comporta con rudeza,
no es egoísta, no se enoja fácilmente,
no guarda rencor. El amor no se deleita
en la maldad sino que se regocija con la
verdad. Todo lo disculpa, todo lo cree,
todo lo espera, todo lo soporta.
(1 Corintios 13:4-7)

Sean bondadosos y compasivos unos con
otros, y perdónense mutuamente,
así como Dios los perdonó a
ustedes en Cristo.
(Efesios 4:32)

Otra palabra que a veces uso para esta cualidad es «generosidad». Pienso en el incidente registrado en los Evangelios de Marcos y Lucas cuando
Juan le informa a Jesús cómo los discípulos detu-
vieron a alguien que estaba echando fuera demo-
nios en el nombre de Jesús, pero que no era uno
de ellos. Juan adoptó el punto de vista estrecho
y legalista, pero la narración continúa: «No se lo
impidan», dijo Jesús. «Nadie que haga un milagro
en mi nombre puede a la vez hablar mal de mí. El
que no está contra nosotros está a favor de nosotros» (Marcos 9:39-40). Jesús adoptó el punto de
vista generoso.

El conocido versículo de Romanos 8:28 es otro de los pasajes «generosos»: «Ahora bien, sabemos que Dios dispone todas las cosas para el bien de quienes lo aman, los que han sido llamados de acuerdo con su propósito». Cuando las cosas no parecen ir bien, a menudo usamos este versículo para animarnos a nosotros mismos o a otras personas allegadas, como recordatorio de que la compasión de Dios nos rodea aún. Sin embargo, por supuesto que podemos aplicarlo también a otros cuando creemos que las cosas les van a ir «mal» debido a que no están actuando como es debido, o no siguen las líneas de conducta ni las estrategias con las que no estamos de acuerdo.

Hay mucha necesidad por este despertar de la gracia generoso enfocado en la obra misionera. Existen muchísimos aspectos donde la falta de gracia causa daño y tensión, y dificulta de manera terrible la obra de Dios en todo el mundo. Demasiado a menudo nuestro compañerismo como cristianos parece estar más basado en cosas sin importancia en las que somos afines, que en los principios básicos del evangelio y las claras doctrinas de la fe cristiana que es tan maravillosa y por la que deberíamos estar más unidos.

Swindoll enumera de manera poderosa los enemigos de la gracia como:

[...] desde fuera: legalismo, expectativas, tradicionalismo, manipulación, exigencias, negativismo, control, comparación, perfeccionismo, competición, crítica, mezquindad y muchísimos otros; y desde dentro: orgullo, temor, resentimiento, amargura, espíritu no perdonador, inseguridad, esfuerzo carnal, culpa, vergüenza, murmuración, hipocresía y muchos más [...] ¡todos son asesinos de la gracia!

Pienso en todas las personas que, en cierta medida, sufrieron el rechazo porque no llenaron las expectativas de otra persona... porque eran bautistas, anglicanos o porque no hablaban en lenguas, o no llegaron a ser lo bastante buenos en alguno de los cien requisitos posibles, los cuales quizá tuvieran o no verdadera importancia. Muchos han sentido el rechazo y el dolor porque no los han aceptado esos que enfatizan los dones del Espíritu, solo porque no tenían la misma opinión de esos dones. Lo contrario también es cierto. Los que enfatizan los dones del Espíritu se han sentido rechazados por los miembros del Cuerpo de Cristo que no lo enfatizan.

Lo que hace que este problema sea más complejo aun es que muchas veces los predicadores enfatizan esos pequeños asuntos desde el púlpito, afectando la manera en que sus congregaciones piensan y evalúan a otras personas y sus creencias. Me parece que nuestro comportamiento testifica a menudo que esos pequeños asuntos son más importantes para nosotros que la unidad y la realidad que tenemos en Jesucristo mediante el nuevo nacimiento por medio del Espíritu Santo. Nos falta la gracia en este aspecto.

Hablemos con gracia acerca de nuestro trabajo y el de otros

Uno de los casos donde la falta de gracia se muestra más dañina es en las declaraciones presuntamente verdaderas sobre los hechos que hacen las personas de un grupo (una iglesia, una organización *paraeclesial* o una agencia misionera) sobre otro grupo, sin antes comprobar que se tienen las cosas claras y el panorama completo. Con frecuencia, repito, los líderes de las organizaciones son los que hacen este tipo de declaraciones. Por mi propia experiencia de más de cuarenta años, me doy cuenta de que fácilmente podemos decir cosas negativas, aunque sutiles, acerca de otros líderes o sus ministerios. Muchas veces esos comentarios carecen de bases verdaderas, las cuales conducen a conclusiones falsas y a generalizaciones. Algunas veces, aun cuando los hechos quizá sean ciertos, se dicen de una manera que es dolorosa y dañina.

La crítica constructiva, siguiendo el modelo de Mateo 18, es algo muy diferente:

> «Si tu hermano peca contra ti, ve a solas con él y hazle ver su falta. Si te hace caso, has ganado a tu hermano. Pero si no, lleva contigo a uno o dos más, para que "todo asunto se resuelva mediante el testimonio de dos o tres testigos". Si se niega a hacerles caso a ellos, díselo a la iglesia; y si incluso a la iglesia no le hace caso, trátalo como si fuera un incrédulo o un renegado».
> (Mateo 18:15-17)

Confieso que es una gran lucha encontrar el equilibrio entre decir la verdad con franqueza y valentía, y actuar con amor. Creo que muchas veces los que estamos en liderazgo no nos damos cuenta de lo que les molestan las declaraciones falsas o extremas a otros líderes que las escuchan. Una vez que estas se imprimen o salen por el correo electrónico a todo el mundo, es casi imposible corregirlas. Si hemos despertado a la gracia y al amor del Señor, seremos más cuidadosos con respecto a todo lo que decimos o escribimos acerca de otros.

En nuestra sociedad actual, el compromiso de decir la verdad está bajo amenaza. Cuando decimos algo que no es cierto, se necesita gracia para confesarlo y enmendarlo. La incapacidad para hacer esto conduce al encubrimiento. Si piensas que en el mundo cristiano no hay «Watergates», ¡me temo que se avecina una gran sorpresa!

La ley en la mayoría de los países es que eres inocente hasta que se pruebe tu culpabilidad, pero en el Cuerpo de Cristo, muchas veces eres culpable hasta que se pruebe tu inocencia. Que Dios tenga misericordia de nosotros por este hábito. Si deseamos ver una gran victoria en esto días de confusión, debemos escucharnos los unos a los otros y tratar de mantener la comunicación entre nosotros con gracia. Esto es verdad en actividades misioneras, en nuestra iglesia local y, por supuesto, en nuestros matrimonios y en todas las relaciones personales.

Junto con la crítica carente de gracia, va a menudo una tendencia a hacer afirmaciones exageradas, repito, sin siquiera tener los datos adecuados. Muchos se confunden y hasta se enojan al escuchar las jactancias de otro cristiano; sin embargo, pocos tienen el amor y el valor para enfrentar a esa persona y preguntarle de manera más específica acerca de lo que declaró. Es muy triste que el término, «evangélicamente hablando», haya llegado a significar que algo es una afirmación o una estadística exagerada. Cualquier esfuerzo que podamos hacer para informar números más exactos sería una gran victoria para los involucrados en la obra misionera.

Por ejemplo, cuando un canal de televisión o una estación de radio hablan acerca de un público potencial, cometemos un grave error si informamos ese público como el número que vio o escuchó en realidad un programa en particular. Y no cabe duda de que, al final, todos debamos estar de acuerdo en que una decisión o una profesión de fe no significan necesariamente que la persona sea un nuevo y verdadero cristiano. Alguien dijo una vez que si todas las afirmaciones acerca de su país fueran ciertas, ¡todo el mundo en la nación se habría convertido dos veces! Si estimamos a nuestros oyentes, lo más probable es que debamos ser cuidadosos con los hechos.

Por otra parte, las personas enojadas u ofendidas por las exageraciones o las declaraciones equivocadas de otros líderes de misiones, no deben «darlos por perdidos» sin ningún debate o careo. Si saben algo de la realidad, del quebrantamiento y del camino de la cruz, deberían ser lentos para condenar o hablar mal de otro hermano o hermana, en especial de un líder en la obra de Dios. Al mismo tiempo, los que hacen declaraciones por su cuenta, o aparentes exageraciones, deben ser más accesibles y estar dispuestos a la corrección. También deben ser más diligentes en su preparación y en su investigación, y hacer un esfuerzo extra para ajustarse a los hechos. Tendrán que aprender a amar a sus críticos y abstenerse de hacer declaraciones desagradables acerca de los mismos en sus ministerios.

En un capítulo titulado «La gracia de permitir que otros sean como son», Charles Swindoll identifica dos tendencias poderosas que anulan la gracia en las relaciones de las personas entre sí. La primera es la tendencia a comparar, de lo cual dice:

Antes que podamos demostrarles a otros la suficiente gracia para permitirles que sean lo que son, tendremos que liberarnos de esa tendencia legalista de comparar. (Sí, es una forma de legalismo). Dios nos ha hecho a cada uno de nosotros tal como somos. Él trabaja arduamente para darle forma a la imagen que tiene en mente. Su único modelo (en lo que a carácter se refiere) es su Hijo. Él quiere que cada uno de nosotros sea único [...] una combinación individual y una expresión diferentes a las de cualquier otra persona.

La segunda es la tendencia a controlar. Swindoll dice:

Los controladores ganan por intimidación. Ya sea de manera física o verbal, nos intimidan a su manera en un intento de manipularnos para que hagamos su voluntad [...] Cualquiera que sea el método, tanto controlar como comparar, anulan la gracia. Si eres dado a controlar a otros, la gracia es un concepto desconocido para ti.

Lo opuesto al despertar de la gracia es la tendencia humana a ser legalistas de miras estrechas e inflexibles, lo cual muchas veces es parte de encubrir nuestros temores e inseguridades. Para ser franco, creo que algunos santos sinceros tienen en realidad una visión equivocada de las Escrituras, unido a poner demasiado énfasis en versículos preferidos en lugar de hacerlo en todo el consejo de Dios.

Es increíble que algunas iglesias que conocí hace veinte años, nacieran de una nueva libertad del Espíritu, con muchas nuevas ideas y estrategias, sean ahora más rígidas en ciertas maneras que las iglesias más antiguas que abandonaron en busca de la gracia, la libertad y la realidad. Si uno trata de confrontar a algunos de esos nuevos (ahora más viejos) líderes en cuanto a esto, verá en sus actitudes que la historia vuelve a repetirse.

¿Acaso no tenemos dos mil años que prueban que Dios obra de diversas maneras? Misiones diferentes tienen estrategias diferentes, y hasta dentro de una misión o iglesia pueden existir tensión y división respecto a la estrategia y a los detalles de cómo se deben hacer las cosas. ¿Debemos ser tan dogmáticos en asuntos donde la Biblia no es clara? ¿No podemos aceptar que Dios obra de diferentes maneras entre grupos diferentes de personas? La obra de Dios es mayor que cualquier compañerismo u organización. Para realizar el trabajo necesitamos organizaciones que respondan a necesidades específicas. Por ejemplo, Dios le dio vida a Operación Movilización con un propósito específico: movilizar a la gente joven de Europa, Norteamérica y, a continuación, de todo el mundo. No alabamos las organizaciones ni las presionamos porque no estemos de acuerdo con todo lo que haya en ellas. Hay que evaluarlas en el contexto de su propósito específico y ser generosos al respecto. ¿Recuerdas que el mensaje de Filipenses 2 es que debemos considerar a otros como superiores a nosotros mismos?

No hagan nada por egoísmo o vanidad; más bien, con humildad consideren a los demás como superiores a ustedes mismos. Cada uno debe velar no sólo por sus propios intereses sino también por los intereses de los demás.
(Filipenses 2:3-4)

¿No deberían las implicaciones prácticas de esto traer una revolución de amor y gracia? Esto significaría que, así como nos enfrascamos en los planes, las metas y las estrategias de nuestras propias organizaciones, como debe ser, por supuesto, nos volveríamos generosos y entenderíamos más la visión total de lo que estaba sucediendo y de la unidad en el Cuerpo de Cristo. Qué maravilloso sería el día si fuéramos a escuchar a líderes hablar de una manera positiva acerca de los planes, las metas y las estrategias de otras personas. Cuán maravilloso sería escuchar que escritores y artistas cristianos promocionen el trabajo de otras personas y no solo el suyo, llevando los libros y los materiales de otros a sus reuniones. Le doy gracias a Dios por los que ya hacen esto.

La consideración de otros grupos e individuos como mejores que nosotros mismos involucraría más que solo hablar en su favor. Incluiría que un grupo se pusiera a la disposición de otro y lo ayudara de manera positiva con dinero, recursos prácticos, experiencia y oración. Aquí debe mantenerse un equilibrio, pues es evidente que cada grupo misionero tiene su propia visión y sus propios métodos dados por Dios, y no debemos decir que existe unidad donde no la hay, ni a insistir en esto cuando no es necesario. Tampoco hay que usar esto como un pretexto y negar que las Escrituras nos exijan que nos consideremos los unos a los otros y que actuemos con gracia hacia los demás, como lo hace Dios con nosotros.

Gracia donde hay un desacuerdo genuino

Por lo tanto, necesitamos un despertar de la gracia en la manera que hablamos acerca de otro, en la manera que informamos el progreso en el trabajo de llevar el evangelio al mundo, en nuestro enfoque práctico del trabajo de los demás y en nuestra sensibilidad hacia las diferencias culturales y teológicas de otros. Aun así, también necesitamos gracia dentro de los muchos debates genuinos en la iglesia sobre la mejor forma de operar mientras trabajamos para llevar a cabo la Gran Comisión. Muy a menudo las formas alternativas de hacer el trabajo en las misiones se presentan como incompatibles, como «uno / u otro», en lugar de «cualquiera de los dos o ambos». Hay muchas de estas controversias y algunas se tratarán más adelante en este libro, cuando analicemos los debates sobre el valor relativo de los misioneros a tiempo parcial y los de a tiempo completo, de si las misiones deben o no pedir dinero y de si enviar misioneros a los países «occidentales» o concentrar los recursos en obreros «nacionales».

En todos estos debates mi ruego es por un enfoque del «despertar de la gracia» que considere las maneras en que otros hacen las cosas, que no compara ni controla, que no dice: «Esta es la única manera», y que no juzga una organización fuera del contexto de su propósito específico. En caso de desacuerdo genuino, permitamos que haya una discusión amorosa y constructiva e incluso, a veces, una confrontación amorosa y constructiva. Seamos sinceros en cuanto a nuestras diferencias. Como cristianos con un compromiso de llevar el evangelio al mundo, desde luego que algunas veces tendremos desacuerdos genuinos. En algunas ocasiones habrá la necesidad de adoptar una línea dura. A veces deseo que los cristianos sean más inflexibles en asuntos tales como los Diez Mandamientos, la doctrina de la salvación solo por gracia y la necesidad de responder a la Gran Comisión, nada más por mencionar tres ejemplos. Cuando la cooperación no es posible en los asuntos centrales, debemos tener la gracia para estar en desacuerdo con amor y, luego, seguir adelante con nuestro trabajo.

En este punto, quiero analizar una determinada controversia en el mundo de las misiones a manera de ejemplo de cómo el enfoque en el despertar de la gracia y la generosidad podría ayudar a mostrar el camino a seguir. Se trata del desacuerdo sobre quién es el candidato más indicado para ciertos tipos de trabajos misioneros. En la iglesia actual, existe una gran controversia por la palabra «apóstol» y, por supuesto, las iglesias y las denominaciones que utilicen este término deben hacerlo de la manera en que se sientan guiados, sin condenar a los que no lo usan. En algunos círculos, solo se refiere a un número más o menos pequeño de personas muy dotadas y calificadas. Esta forma de pensar fomenta la idea de que solo deben considerarse los mejores candidatos para la obra misionera. Estoy muy de acuerdo con la práctica de seleccionar con cuidado los candidatos para las misiones, pero la larga historia de la iglesia muestra que Dios envía y usa a todo tipo de personas con una amplia gama de dones y talentos. Stephen Gaukroger, en *Why Bother with Mission?*, dice:

> La historia de las misiones es una colorida historia de «improbables héroes», caracterizados por la obediencia en lugar de la habilidad. Una vez tras otra, Dios confirma su palabra: «Hermanos, consideren su propio llamamiento: No muchos de ustedes son sabios, según criterios meramente humanos; ni son muchos los poderosos ni muchos los de noble cuna. Pero Dios escogió lo insensato del mundo para avergonzar a los sabios, y escogió lo débil del mundo para avergonzar a los poderosos» (1 Corintios 1:26-27).

Las agencias modernas de misiones a corto plazo reciben a menudo personas de corta edad, sin ninguna verdadera experiencia misionera. En el campo de la consejería, el método usado por Jesús ha demostrado ser una de las mejores formas de producir líderes de la iglesia a largo plazo y misioneros de tales personas. Algunos aseguran que si tenemos un gran número de nuevos obreros, jóvenes en especial, no estarán calificados. Mi experiencia me ha mostrado, y me encanta testificar la verdad de esto, que Dios usa todo tipo de personas. Los libros como *El evangelio de los andrajosos* presentan esta idea y son bien recibidos por los cristianos en general, pero lo triste es que cuando un «andrajoso» siente que Dios le está guiando a ser misionero, de repente encuentra que muchos comienzan a estar muy preocupados por el asunto de la calidad.

A los diecinueve años de edad, yo era uno de esos «andrajosos» que Dios, de algún modo, guiaba y enviaba a México. Hoy en día, ¿por qué hay tantos que les echan un balde de agua fría a los jóvenes y a otros que quizá no sean «apóstoles» (según la definición de algunas personas) pero quieren salir y servir a Dios? De alguna manera el perfeccionismo se casó con el legalismo y, ahora, juntos estos dos pueden detener incluso al más sincero y celoso discípulo de dar los pasos de fe en el campo de las misiones. Martin Goldsmith, en *Don't Just Stand There*, asegura: «Las misiones necesitan personas altamente calificadas, pero también necesitan buenas personas que quizá no tengan títulos universitarios ni sean profesionales. Las misiones desean trabajar entre la gente de todo tipo, así que necesitan obreros de todas las experiencias y los antecedentes».

Los líderes mayores y más maduros, según cabe suponer, vamos a reconocer que muchas de las presuntas personas de «calidad» de nuestra generación han quedado eliminadas de la batalla o han caído en pecados graves. En realidad, los grandes errores y los pecados que le causan sufrimiento al Cuerpo de Cristo, en formas difíciles de evaluar, no suelen ser algunos de los inexpertos jóvenes en un viaje misionero a corto plazo que siguen un llamado a la movilización. Como pueblo de Dios, necesitamos ser más compasivos y preocupados por nuestra juventud. En lugar de condenar su música o la manera de vestirse, debemos atraerlos con gracia y amor. No debemos comparar lo que consideramos que son nuestros puntos fuertes con sus puntos débiles, sino más bien debemos enfrentar nuestros propios aspectos débiles de forma más realista y aprender a cubrir sus debilidades con amor. De esta manera, podemos comenzar a reconocer la tremenda energía y el compromiso que son capaces de aportar a la tarea de llevar el evangelio a las personas necesitadas.

En *El despertar de la gracia*, Charles Swindoll titula uno de sus capítulos: «Cómo disentir con gracia y perseverar». En muchos sentidos, esta es una descripción perfecta del enfoque que he estado tratando, a fin de alentar las controversias al respecto en este capítulo y en los siguientes. Swindoll dice:

> Una de las características de la madurez
> es la habilidad para disentir sin ser
> desagradables. Eso requiere gracia. Es
> más, uno de los mayores logros de la
> gracia es manejar los desacuerdos con
> tacto.

Swindoll sigue citando Efesios 4:29-32, palabras apropiadas para el final del capítulo sobre la
necesidad para un despertar de la gracia en la obra
misionera. Antes, cité el versículo 32, pero ahora
veamos todo el pasaje:

> Eviten toda conversación obscena.
> Por el contrario, que sus palabras
> contribuyan a la necesaria edificación
> y sean de bendición para quienes
> escuchan. No agravien al Espíritu Santo
> de Dios, con el cual fueron sellados
> para el día de la redención. Abandonen
> toda amargura, ira y enojo, gritos y
> calumnias, y toda forma de malicia. Más
> bien, sean bondadosos y compasivos
> unos con otros, y perdónense
> mutuamente, así como Dios los
> perdonó a ustedes en Cristo.

Mientras escribía este libro, comencé a leer *Gracia divina VS Condena humana*, de Philip Yancey (ganador del premio «Libro del año» que otorga la *Christian Publishers Association*). Te insto a que lo leas como parte de tu peregrinación a ser una persona con más despertar a la gracia.

Sugerencias para la lectura:

- Charles Swindoll, *El despertar de la gracia*, Grupo Nelson.
- Philip Yancey, *Gracia divina VS Condena humana*, Editorial Vida.
- Stanley Voke, *Personal Revival*, OM Literature.
- Roy Hession, *El camino del Calvario*, Centros de Literatura Cristiana.
- Martín Lutero, *Comentarios de Martín Lutero: Gálatas*, Editorial Clie.

Libros de referencia:

- Martin Goldsmith, *Don't Just Stand There*, Inter-Varsity Press.
- Brennan Manning, *El evangelio de los andrajosos*, Casa Creación.

El DESPERTAR de la GRACIA en el LIDERAZGO

LIDERAZGO

Toma las riendas

«El liderazgo es saber cómo ir desde donde estamos hasta donde debemos estar».
Steve Chalke

Qué gran necesidad hay de que las personas sirvan como líderes. Si quieres pruebas de la escasez de líderes potenciales, observa el doloroso proceso a través del cual las Naciones Unidas se empeñaban para encontrar un nuevo Secretario General, o el proceso por el cual los EE.UU. y otros países seleccionan el puñado de personas idóneas y dispuestas a presentarse para los más altos cargos políticos. La mayoría de las agencias misioneras, y en especial las organizaciones misioneras, claman por más líderes, de ambos sexos. Conozco una misión que ha estado buscando por más de dos años a un director general o presidente. Hay necesidad de que más cristianos ocupen puestos de liderazgo, no como un honor ni una recompensa, sino como una forma de servir al Cuerpo de Cristo con los dones y los ministerios que se les han dado. Muchos, quienes nunca se lo esperarían, se convertirán en líderes, sobre todo en su iglesia local. Ser un líder local puede llegar a ser el mayor desafío de todos.

Necesitamos enfatizar más en la iglesia en cuanto a la preparación de líderes, ancianos y jóvenes. A menudo, recuerdo que los líderes de la iglesia en Tesalónica, con quien Pablo se escribía, solo tenían unas pocas semanas en la fe. La capacitación puede comenzar con la juventud. Estoy comprometido con la tarea de preparar personas para el liderazgo en el lugar donde viven y, al mismo tiempo, les presento la verdad de la visión mundial.

Qué poderosa sería la iglesia si pudiéramos amalgamar el tipo que crea líderes espirituales dinámicos en los países de origen, con la clase de visión que leemos en Hechos 1:8. Esto conduciría a la iglesia a avanzar con un mayor empuje en la misión mundial. Hay necesidad de «líderes que movilicen al pueblo de Dios para una misión imaginativa y audaz» (Paul Beasley-Murray en *A Call to Excellence*). Dánoslos, Señor.

Sé **lleno** del **Espíritu** Santo

Mucho de lo que tengo que decir en este capítulo tiene que ver con la difícil realidad de ser un líder en la iglesia y en la obra misionera hoy en día. Sin embargo, no terminaría sin recordarte los gloriosos recursos disponibles para los líderes en Cristo. A través de los años, como director de Operación Movilización, he pasado mucho tiempo en la preparación de líderes. A veces, al hablar en una conferencia de líderes, abordo las cualidades espirituales y los caracteres especiales que necesitan los líderes en la obra de Dios. Estas son importantes y escribiré al respecto más adelante en este capítulo. En ocasiones, incluso entro en detalles de cómo tomar decisiones como líder y cómo organizarse. Esto es muy importante. Con mucha frecuencia, no obstante, les hablo a los líderes acerca de la necesidad de que trabajen en los principios básicos de la vida cristiana, su propio desarrollo espiritual y su caminar con Dios. Nada es más importante para los líderes que esto. De aquí se desprende que, en sus relaciones con los demás, los líderes deben hacer todo lo posible para edificar, fortalecer y ayudar a las personas a ser cada vez más como Jesucristo: tomando en total consideración las diferentes circunstancias en las que trabajan las personas en los movimientos y las organizaciones que Dios ha levantado, a fin de trabajar juntos en la tarea de la evangelización mundial.

Cuando les hablo a los líderes, lo primero que deseo enfatizar es que «sean llenos del Espíritu» (Efesios 5:18), debido a que el Espíritu es el director de toda obra cristiana. En su libro *Liderazgo espiritual*, J. Oswald Sanders llama al capítulo sobre el Espíritu Santo «El requisito indispensable». Dice que es posible que haya muchas cualidades deseables para los líderes espirituales, pero solo una es indispensable: que deben ser llenos del Espíritu. Estoy convencido de que es necesario que haya una mayor conciencia del Espíritu Santo y su obra en los creyentes. Cada uno debe aprender que es un privilegio conocer cada día la plenitud del Espíritu Santo porque Él exalta al Señor Jesús y es director soberano de nuestras vidas y nuestros asuntos. Esta plenitud no solo tiene que ver con las emociones y la vida espiritual interior, sino también con la realidad de cómo vivimos cada día (lee Gálatas 5:22-25) al hacer planes y en el desarrollo de las estrategias en nuestro trabajo cristiano. Me preocupa sobre todo decirles a los

líderes que debemos depender más del Espíritu
Santo para que nos dirija a medida que avanzamos en la obra misionera. Está muy claro en el
libro de los Hechos que el Espíritu Santo es el que
dirige la obra misionera.

> Pero cuando venga el Espíritu Santo
> sobre ustedes, recibirán poder y serán
> mis testigos tanto en Jerusalén como en
> toda Judea y Samaria, y hasta los confines
> de la tierra.
> (Hechos 1:8)
>
> Mientras ayunaban y participaban en
> el culto al Señor, el Espíritu Santo dijo:
> «Apártenme ahora a Bernabé y a Saulo
> para el trabajo al que los he llamado».
> (Hechos 13:2)

El libro de los Hechos también aclara que
quienes dirigen la obra misionera necesitan estar
llenos del Espíritu. J. Oswald Sanders dice:

> Está claro en el libro de los Hechos que
> los líderes que influyeron de manera
> significativa en los movimientos cristianos
> fueron hombres con la plenitud del

Espíritu Santo. Está registrado que Él fue quien mandó a los discípulos a que permanecieran en Jerusalén hasta que fueran investidos con el poder de lo alto que Él mismo tenía, pues «lo ungió Dios con el Espíritu Santo y con poder» (10:38). Los ciento veinte privilegiados en el aposento alto fueron llenos con el Espíritu (2:4). Pedro estaba lleno del Espíritu cuando se presentó ante el Consejo (4:8). Esteban, lleno del Espíritu, fue capaz de soportar de forma indecible para testificar de Cristo y morir como un mártir radiante (6:3, 5; 7:55). Fue con la plenitud del Espíritu que Pablo comenzó su ministerio único y lo llevó a cabo (9:17; 13:9). Su compañero misionero, Bernabé, estaba lleno del Espíritu (11:24). Sería extrañamente ciego quien no discerniera en ese hecho el criterio fundamental y la capacidad para el liderazgo espiritual. (*Liderazgo espiritual*)*

Algunas personas lamentan la desaparición del fervor a menudo asociado con una experiencia de la plenitud del Espíritu Santo, pero como se explica en el libro, *Unseen Warfare*, esta pérdida de

---

* Tomado de *Liderazgo espiritual*, por J. Oswald Sanders, Instituto Bíblico Moody de Chicago, Moody Press. Usado con permiso.

fervor quizá sea una señal de ir más allá de la etapa inicial y de la «madurez». Si vas a ser un líder cristiano, tienes que madurar. Tienes que establecerte una rutina constante de tener al Espíritu guiándote en la actividad diaria de tu trabajo y tus planes, así como hemos visto en el libro de los Hechos. Esto debe ser una llenura diaria constante, no una búsqueda incansable de nuevas «experiencias». Muchas personas sienten que necesitan un toque fresco en sus vidas y van de conferencia en conferencia buscando algo nuevo. Por supuesto, no excluyo la posibilidad de experiencias críticas con Dios, sino que es necesario que haya un «programa continuo para el crecimiento espiritual», para citar el subtítulo del libro de Ralph Shallis, *From Now On* [De ahora en adelante]. Cuando Dios te salvó y puso el Espíritu Santo en tu vida, puso la pelota en tu tejado. Quizá Él esté esperando por ti para batearla de nuevo. Usando otra analogía, tal vez Dios te esté instando, como Nehemías le pidió al pueblo de Israel: «Levantémonos y edifiquemos» (Nehemías 2:18, LBLA).

Duras **realidades** para los **líderes**

Desde luego, un liderazgo lleno del Espíritu no es tan fácil como parece. Tozer habla acerca de esto en su libro *Leaning Into The Wind* [Apoyándose en el viento], y este título me recuerda mi desastroso intento de hacer surf a vela. Parecía fácil, pero no pude mantenerme de pie por más de unos minutos cada vez que lo intentaba. No es tan fácil como parece. Hay muchas realidades difíciles que tiene que enfrentar cualquiera que esté involucrado en el liderazgo de las misiones o en cualquier otro liderazgo cristiano.

Estoy convencido de que la gente de visión, que quiere que suceda algo específico, debe saber cómo ganar la lealtad de otros, cómo delegar y cómo ser alguien que sepa trabajar en equipo. La conclusión es que debemos creer de verdad en las personas y aprender a tenerles confianza, amarlas y afirmarlas.

He aprendido a las malas cómo una palabra insensible, o incluso una mirada ofensiva a otra persona, pueden ser hirientes y entorpecer su andar con Dios y su ministerio. En cierta ocasión, les hablé al personal y a la tripulación en el barco, *Doulos*, acerca de la lealtad y la respuesta fue muy alentadora (ese mensaje en casete le ha dado la vuelta al mundo)*. Quisiera comentarte dos de los puntos principales.

---

* Los casetes de OM están disponibles en: Operation Mobilisation, PO Box 17, Bromley, Kent, England BR1 3JP; correo electrónico: www.om.org/tapes.htm; www.georgeverwer.com.

Existen varias razones por las que desarrollar la lealtad en la obra misionera es tan difícil. En primer lugar, hay una gran variedad de causas muy dignas que pueden distraer a los cristianos de las más importantes. Son tantas las cosas que atraen la atención de los cristianos que la evangelización mundial ha pasado a ser una causa más entre ellas. Muchos cristianos están absortos por completo con la campaña antiaborto, con los asuntos de los derechos humanos o con la política. Por supuesto, no estoy en contra de los que se preocupan por esos asuntos; yo también me preocupo por eso. Sin embargo, cuando esas cosas hacen que los cristianos releguen la evangelización mundial a que solo sea un legítimo interés de otros y ridiculizan a esos para quienes es primordial, empiezo a preocuparme. En este ambiente es posible que algunos cristianos crean que un énfasis en la evangelización del mundo sea una especie de extremismo y para los que se mantienen al margen, o están fuera de las iglesias, confunden algunos grupos misioneros con las sectas.

En segundo lugar, aun entre cristianos que tienen un compromiso básico con la evangelización mundial, a muchos los distraen mediante libros extremistas y grabaciones que circulan sugiriendo que un punto de vista en particular es la única respuesta a los problemas de la vida cristiana. En ocasiones, los libros tienen la culpa, pero en otros casos son los lectores que están listos, por su propia comodidad, a comprometerse con algún punto de vista extremo y demasiado simplista de la vida cristiana. Esto puede llevar a una dañina forma de superespiritualidad, la cual hace que las personas sean muy difíciles de ganar debido a la resistencia y al limitado punto de vista de lo bueno. Similar, aunque menos dogmática, es una especie de falso idealismo que algunas personas tienen acerca de la naturaleza del mundo de las misiones, se niegan a reconocerlo y, al final, se quedan muy afectadas por la realidad de la debilidad, el sufrimiento y los errores que pueden estar presentes en este tipo de trabajo. Desde luego, a veces lo opuesto puede ser el problema, con cristianos que llegan a estar tan infectados por el espíritu de cinismo del mundo, que les resulta difícil confiar en alguien.

Por lo general, la lealtad involucra alguna forma de sumisión y debe funcionar en ambos sentidos. En una era donde la obediencia a los padres se ha debilitado, otra dificultad para desarrollar la lealtad a la tarea de la evangelización mundial, es que a muchos les cuesta trabajo obedecer órdenes de cualquier tipo que vengan de un líder. Hay una especie de orgullo en la defensa de la supuesta libertad. En algunos casos, esto puede ser culpa del líder. Sé que para mí es difícil ser amable cuando doy órdenes, en especial cuando tengo que hacerlo en otro idioma. Existe la necesidad de aprender la sumisión sin llegar a ser sectario ni manipulador. También es necesario aprender a trabajar en equipo.

El desarrollo de la lealtad y el trabajo en equipo por la causa de la evangelización mundial es un gran desafío para los líderes hoy, pero existen otras realidades difíciles que los líderes y los líderes potenciales tendrán que enfrentar respecto al mundo. Tendrán que aceptar la dura realidad del sufrimiento en el mundo sin minimizarlo ni disfrazarlo con clichés simplistas. Los líderes deben poder hacerle frente a la realidad de un mundo que sufre, en el que los cristianos de diferentes grupos étnicos son capaces de participar en la masacre de unos con otros. Sabemos que Dios puede traer sanidad de estas cosas, pero no debemos minimizar su impacto sobre las personas ni fingir que no nos afectan. En su libro, *From Tragedy to Triumph*, Frank Retief, un líder de la iglesia en Sudáfrica, escribió acerca de la experiencia de su congregación al afrontar el asesinato de algunos de sus miembros, y el traumatismo de muchos otros, cuando hombres armados irrumpieron en el servicio de la iglesia, abrieron fuego sobre ellos y lanzaron una granada de mano entre la gente. Dice:

> Hay un sentimiento tácito entre los cristianos de que, si existe el sufrimiento, debería ser tolerable y no deberíamos experimentar el mismo horror de los no creyentes. La verdad del asunto es que muchas veces nos exponemos al mismo grado de sufrimiento. Nuestros sufrimientos no son siempre razonables. En realidad, muchas veces parecen ir más allá de lo que podemos soportar.
> La aflicción y la tristeza nos sobrecogen y sentimos que nos hundimos. Este es un simple hecho de la experiencia humana en este mundo.

Muchas personas han recibido ayuda en este aspecto a través de los libros de C.S. Lewis: *Cristianismo... ¡y nada más!* y *El problema del dolor.* También muchos han conocido a Cristo mediante estos libros, y si somos líderes visionarios, deberíamos distribuir tales libros.

Los líderes deben tener el valor para enfrentarse a las complejidades y las divisiones dentro de la iglesia y en el campo misionero. La iglesia está dividida y esta situación no va a cambiar mucho. Cada una de las iglesias, organizaciones, o hasta ciudades enteras, pueden unirse, pero no la iglesia en su totalidad. Incluso, algunos proyectos que podría esperarse que nos unieran, tales como AD 2000, muchos se les oponen y parece causar desunión. La historia muestra que gran parte del crecimiento de la iglesia ha tenido lugar en medio de tensión y desunión. Admitamos la verdad de esta situación. Los jóvenes, en especial, quieren este tipo de apertura en sus líderes. Es necesario que haya una mayor realidad en la iglesia y esto ayudará a romper las cadenas del legalismo que son tan perjudiciales para el establecimiento del reino. Una visión ingenua del grado de unidad dentro de la iglesia a veces se debe a la incapacidad para apreciar la complejidad extrema de la iglesia y la sociedad en que existe. Operación Movilización es una gran organización compleja que va más allá de mi comprensión personal y es por eso que está dirigida por un equipo de líderes que, esperamos, están bajo la dirección del Espíritu Santo. Tú puedes tener la seguridad de que seguirá habiendo muchos errores humanos.

Los líderes deben ser capaces de hacerle frente al poder del dinero, no solo en asuntos mundanos, sino en el ministerio cristiano también. Hay muchos buenos libros acerca de esto, pero solo quiero decir que una visión realista de la riqueza y la capacidad para administrarla y usarla con todo su poder en los asuntos del reino de Dios, es fundamental para un líder en la obra misionera.

La inmoralidad sexual es un asunto de gran peligro para los líderes espirituales. Por supuesto, todo el mundo está sujeto a la tentación en este ámbito, y nadie pone en duda su poder, pero me sorprende cómo muchos líderes en la iglesia y las misiones han tenido sus ministerios arruinados por la inmoralidad sexual. Todos los líderes son blancos del enemigo. Es uno de sus dardos más probados y muchos enfrentan ataques sutiles en sus mentes y tal vez en su matrimonio.

Desde muy joven, con la influencia de la valentía de Billy Graham en este asunto, he hablado de manera clara con la Palabra de Dios al respecto. Una y otra vez les he comunicado a los jóvenes candidatos al liderazgo versículos como 2 Timoteo 2:22: «Huye de las malas pasiones de la juventud, y esmérate en seguir la justicia, la fe, el amor y la paz, junto con los que invocan al Señor con un corazón limpio».

Hemos logrado distribuir millones de libros acerca de este tema y muchos han escrito o testificado de cómo los han ayudado. El año pasado, cuando el libro llamado *When Good Men Are Tempted* de Billy Perkins llegó a mis manos, me di cuenta que era dinamita espiritual y lo distribuimos a todo el mundo. Sabemos que Dios lo está usando. El libro de Lois Mowday, *The Snare*, es mejor en algunos aspectos sobre este asunto, en especial para los que están en el ministerio.

Como líderes, debemos ser muy conscientes de las frustraciones que vienen por las limitaciones de nuestra debilidad y humanidad, así como de las personas con quienes trabajamos. Algunas veces me siento como si estuviera manejando un auto Mercedes Benz último modelo en una autopista alemana a veinticinco kilómetros por hora. Como alguien que cree en la importancia de las relaciones y en delegar las responsabilidades en otras personas, debo reconocer que es posible que no pueda ir a la velocidad que quiero como líder. Las personas de pasión y propósito deben reconocer y tomar en cuenta que tienen que aceptar su propia vulnerabilidad y la de los demás. Quizá haya momentos en que los líderes necesiten moverse con rapidez, ser fuertes y firmes con la gente, pero hay otros momentos en los que hay que reducir la velocidad, dar marcha atrás y esperar en el Señor, y muchas veces en su pueblo también. Sin esto, incluso a un ritmo lento, ¡se corre el peligro de acabar en el camino equivocado o en una zanja!

Como he corrido este maratón todos los días durante más de cuarenta y cuatro años, me ha sorprendido en especial la rudeza y, muchas veces, las sutilezas del orgullo en sus múltiples formas. Incluso, la arrogancia evidente no es común entre los que están en el liderazgo. Qué maravilloso cuando la gente confiesa esto con sinceridad; sin duda, es una de las puertas a la realidad y al avivamiento. Mi propia lucha de lidiar con la crítica revela cosas de mi corazón que no me ha gustado enfrentar. Para todos nosotros será una batalla de toda la vida.

La última dura realidad que quiero mencionar aquí, para los líderes de misiones en particular, es la realidad de que la humanidad está perdida. Toda la naturaleza de perdición quizá quede como un misterio para nosotros, pero debe seguir siendo la motivación más importante para todos los involucrados en la obra misionera. John Piper, en su maravilloso libro *¡Alégrense las naciones!*, dice al final de un capítulo en el que argumenta con la Biblia la «supremacía de Cristo como el enfoque consciente de toda fe salvadora»:

De modo que afirmo de nuevo que el abandono contemporáneo de la necesidad universal de escuchar el evangelio para salvación afecta en realidad parte de la motivación misionera. Digo que afecta en parte y no que la elimina toda porque estoy de acuerdo en que el estado de perdición universal en que se encuentra el hombre no es el único enfoque de la

motivación misionera. Sobreponerse
a esto es el gran objetivo para darle la
gloria a Cristo*.

Recordemos con regularidad Juan 14:6: «Yo soy el camino, la verdad y la vida [...] Nadie llega al Padre sino por mí».

El **equilibrio** en la **vida** de un **líder**

Al enfrentar estas duras realidades es difícil mantener el equilibrio bíblico esencial, lo cual distingue al líder lleno del Espíritu Santo. A través de los años, he enseñado mucho acerca del equilibrio. En una de mis Biblias viejitas he hecho una lista de treinta pares de comparaciones donde exhorto a la necesidad de tener equilibrio en la vida cristiana eficaz; hay muchas más. Me gustaría mencionar siete aspectos donde el equilibrio es relevante para los líderes que trabajan para cumplir la Gran Comisión.

En primer lugar está el *equilibrio entre la fe y el sentido común*. A menudo, los líderes son llamados a demostrar una fe atrevida,

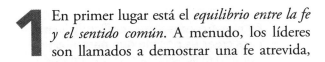

* Tomado de *¡Alégrense las naciones!*, por John Piper, Inter-Varsity Press. Usado con permiso.

desafiante y con riesgo. La historia de las misiones está llena de ejemplos como los de Amy Carmichael, Hudson Taylor o Jim Elliot. Por supuesto, cuando el Espíritu de Dios anima a los líderes a dar grandes pasos de fe, ellos tienen que avanzar, y quienes le siguen tienen que tratar de avanzar a su lado. Sin embargo, tiene que haber entendimiento de parte del líder también. Los líderes tienen que aceptar que animan a otros y que deben transmitirles sus expectativas del mismo modo. Por esta razón, necesitan ser conscientes de su responsabilidad para mantener metas realistas y quizá hasta desarrollar un poco de sentido común y de escepticismo acerca de lo que es posible. Los líderes jóvenes, en particular, deben tener claro que la aparente fe temeraria de los gigantes en la historia de las misiones, muchas veces ha llegado después de años de experiencia y, por supuesto, después de muchos primeros errores. Estoy convencido de que las biografías cristianas no son sinceras en su totalidad, pues dejan fuera los pecados y los errores de los grandes líderes del pasado. Como dijo A.W. Tozer:

En nuestro constante conflicto y lucha para creer es posible que pasemos por alto el sencillo hecho que un poco de sana incredulidad es en algunos casos tan necesario como la fe para el bienestar de nuestras almas. Yo iría tan lejos como llegar al punto de decir que haríamos bien en cultivar un escepticismo reverente. Nos alejará de mil pantanos y ciénegas donde otros que carecen de ella suelen encontrarse y sumirse. No es ningún pecado dudar ciertas cosas, pero puede ser fatal creerlo todo (*La raíz de los justos*). —

2 El *equilibrio entre la disciplina y la libertad*. Quizá menciones Gálatas 5:13 para mostrar que tenemos el llamado a la libertad y yo estaría de acuerdo contigo, pero en el mismo versículo dice que también tenemos el llamado a servirnos los unos a los otros. Donde hay reglas, debe haber algunas restricciones de la libertad, pero las reglas son también una forma de mostrar que queremos practicar el amor entre nosotros. Otra manera de considerar una regla es mirarla como una exhortación con fuerza añadida. Al fin y al cabo, la gracia sin disciplina puede conducir a la desgracia. Los líderes con un determinado punto de vista de un aspecto de la obra del Señor, pueden sentirse inclinados a exagerar la importancia de las reglas. La comprensión de la fuerza que se opone al liberalismo, en el mundo en su conjunto, puede animar a hacer esto. Sin embargo, puede ser también que el orgullo de un líder esté unido a la forma con la que otros ponen en práctica sus reglas. Quizá tengan razón en lo que deciden, pero se equivoquen en su método de comunicación y en la actitud hacia los involucrados. Aquellos de nosotros con un temperamento fuerte y con convicciones firmes, muchas veces tendemos a ofender más de lo que nos damos cuenta.

3 Muy vinculado con esto se encuentra la necesidad por un *equilibrio entre la autoridad y el compañerismo*. Hay anécdotas sorprendentes, en la historia de las misiones, de la poderosa autoridad de los líderes de misiones. Tanto William Booth como C.T. Studd les pidieron a los miembros de sus familias que dejaran el movimiento que dirigían debido a que percibieron fallas para seguirles como líderes. Creo que hoy en día, al igual que se necesitan líderes fuertes, también hace falta que las organizaciones se involucren en ejercer su autoridad. Además de los que toman las decisiones ejecutivas, también deben haber los que exhortan, los que corrigen y los que desafían, y debe haber una evaluación equilibrada del poder de un líder fuerte. En muchas organizaciones misioneras esta función la lleva a cabo un comité de confianza o su equivalente. La historia y los hechos actuales muestran que Dios usa una amplia variedad de estructuras de liderazgo, estilos y métodos.

4 La *determinación de las prioridades* es un desafío constante para los líderes. Tenemos tantas demandas que el uso cuidadoso del tiempo es esencial. Algunos de los equilibrios importantes, los cuales debemos mantener, están entre el tiempo a solas y con otros; entre el tiempo con la familia y con los que no son de la familia; entre el trabajo y el descanso; entre el trabajo y la diversión; entre la oración y el estudio de la Biblia; y entre testificarles a los inconversos y ayudar a los creyentes. El temperamento representa un papel importante para lograr este equilibrio. No hay dos líderes ni sus trabajos idénticos. El equilibrio en el uso del tiempo se debe llevar a cabo en el contexto de la situación particular de cada líder. Las personas que no son líderes deben preocuparse también por ver este tipo de equilibrio en la vida de sus líderes, y deben animarles y no ponerles presiones innecesarias con expectativas irreales. Se debe enfatizar el amor y el trabajo en equipo. Trabajaremos en este aspecto por el resto de nuestras vidas.

5 Se espera que los líderes sean *decididos y firmes,* pero también tiene que haber un equilibrio entre estas cualidades y las de *gentileza y quebrantamiento.* El quebrantamiento habla más fuerte que el trabajo interminable. No se puede fingir. Significa ponerse en el lugar de pecador, admitir el error, ser sinceros en cuanto a la falsa motivación y confesarles a otros los errores. Esto no es lo mismo que fallar al no tomar una acción por temor a causar problemas. Sin duda, una parte esencial del equipamiento del líder es la habilidad de estar firme contra la intimidación. Algunas personas son muy buenas para decir cosas que intimidan a otros y que los hacen sentirse inferiores. Uno de los versículos que nos ayudan a ir en contra de esto es 2 Timoteo 1:7: «Pues Dios no nos ha dado un espíritu de timidez, sino de poder, de amor y de dominio propio».

Algunas personas han malinterpretado el mensaje del quebrantamiento y, por consiguiente, han desarrollado un entendimiento poco saludable de sí mismas y de su propia personalidad: una autoestima baja. A estas clases de individuos les será difícil ser misioneros líderes y quizá hasta tengan dificultad en sus propios países para ser discípulos y movilizadores de misiones. Los líderes siempre crearán inestabilidad y necesitan fortaleza para mantenerse firmes en contra de la intimidación que crea esto, pero deben hacerlo en combinación con una disposición a tratar de manera abierta, sincera y amorosa con las consecuencias. En los últimos treinta años, en nuestro ministerio, hemos visto cómo Dios ha usado el mensaje de David Seamands, en especial a través de su libro *Curación para los traumas emocionales*, a fin de ayudar a muchas personas en esa cuestión en particular.

6 El equilibrio en el aspecto de la *doctrina* es importante para el líder. El Dr. Francis Schaeffer y el Dr. John Stott me han ayudado a aprender a amar la pureza de la doctrina cristiana. A.W. Tozer, y otros como él, me han enseñado a valorar la experiencia diaria de la presencia de Dios. Necesitamos ambos énfasis y estos siempre estarán en tensión dinámica: un equilibrio entre la vida y la doctrina. Sin embargo, la doctrina debe distinguirse de las convicciones personales y los ideales. Muchos líderes están en cierta posición debido a una poderosa convicción personal de que debe hacerse alguna tarea determinada y que debe lograrse ciertos objetivos. No hay nada erróneo en esto, pero se debe reconocer la línea fina que separa las doctrinas principales que todos tenemos que creer y otros asuntos donde hay lugar, o debería haberlo, para estar en desacuerdo. Lo triste es que a muchas denominaciones y sus líderes los intimidan la cooperación interdenominacional, debido a que demanda flexibilidad de sus convicciones e ideales, aunque no esté atentando contra la doctrina cristiana esencial. Esta clase de actitud se debe al aislamiento y puede romperse al reunir personas de diferentes denominaciones para orar y tomar decisiones. Donde hay diferencias doctrinales genuinas, estas se deben respetar. Muchas veces, sin embargo, habrá oportunidades para el compromiso amoroso, donde los principios y los ideales personales o de la organización estén en juego, o al menos les sea posible estar de acuerdo o en desacuerdo, mientras que al mismo tiempo siguen avanzando juntos.

7 Por último, los líderes necesitan una *visión equilibrada de Dios*. Me encanta la visión equilibrada de Dios que ofrece A.W. Tozer:

El placer de la comunión con Dios supera las expresiones del lenguaje humano. Él se comunica con sus redimidos en un fácil y desinhibido compañerismo que da descanso y sana el alma. Él no es susceptible, ni egoísta, ni temperamental. Lo que Dios es hoy, encontraremos que lo será mañana y al día siguiente, y al próximo año. Él no es difícil de agradar, aunque tal vez sea difícil de satisfacer. Le agradamos, pero no al tratar de ser buenos, sino al abandonarnos en sus brazos con todas nuestras imperfecciones y creyendo que Él lo entiende todo y que todavía nos ama (*La raíz de los justos*).

Una **imagen** del **líder** de **misiones**

Hay muchas palabras duras en este capítulo y me gustaría finalizar dando una imagen de un líder espiritual en la obra misionera y recomendándoles los recursos disponibles para permitir el desarrollo del mismo. Está claro, por lo que ya he dicho, que el líder en las misiones cristianas es alguien controlado por el Espíritu Santo, no solo en las emociones y la vida espiritual interior, sino también en los detalles de la vida diaria y sobre todo en la situación de la estrategia misionera. Es alguien capaz de desarrollar la lealtad entre los miembros del Cuerpo de Cristo en la tarea de la evangelización mundial frente a las fuerzas de oposición. También es alguien que tiene el equilibrio del Espíritu en los aspectos de los que se habló antes.

A fin de completar la imagen, quiero mencionar brevemente seis cualidades. Un líder en el mundo de las misiones es alguien que tiene:

1 *Una visión*: un sentido poderoso de lo que es necesario hacer y la iniciativa de apropiarse de esto, y trabajar para completarlo. J. Oswald Sanders muestra cómo muchos de los misioneros pioneros fueron personas de visión poderosa.

Carey veía el mundo entero en el mapa mientras que a sus colegas predicadores les preocupaban sus pequeñas parroquias. Henry Martyn vio a la India, Persia y Arabia, una visión del mundo musulmán, mientras que la iglesia local se ocupaba de sus pequeñas riñas teológicas. De A.B. Simpson, sus contemporáneos decían: «Su trabajo de toda una vida parece ser el de seguir adelante a solas, donde sus compañeros no habían visto nada para explorar».

Siempre recordaré que, hace muchos años, escalé una montaña en Escocia escuchando un casete del Dr. John Stott sobre liderazgo, en el que señalaba la importancia de la visión. Su gran ejemplo fue la maravillosa historia de Wilberforce, nunca lo olvidaré. Este tipo de visión va acompañado de:

2 *La sensibilidad y el entendimiento*, los cuales tienen que ver con la posición y el sentir de los demás involucrados en completar la visión, ya sea algo grande, como «el avance de la visión de Hechos 13», o algo mucho más pequeño como enviar a un solo misionero de una iglesia pequeña.

Un líder debería considerar y desarrollar el entendimiento de su propia naturaleza y sus sentimientos, y el carácter particular de su liderazgo. No hay reglas simples acerca de qué tipo de personas pueden convertirse en líderes. Quizá no se tenga claro al principio quiénes van a ser líderes eficientes; algunas personas se desarrollan con lentitud en la función y quizá no parezcan líderes en sus inicios. No solo los coléricos y habladores son los que ocupan estas funciones; las personas calladas y reservadas pueden ser grandes líderes. Por cierto, Santiago 1:19 dice que debemos ser lentos para hablar. Se necesitan personas con diferentes personalidades para el liderazgo porque hacen falta distintas clases de líderes: los que inician el trabajo y los que lo consolidan, solo por mencionar dos de ellos. Un entendimiento de estos asuntos capacitará al líder para ver su papel en un contexto más amplio y para comprender cómo esto impacta en otros. Debemos recordar la amplia gama de tipos de liderazgo necesarios en todo el Cuerpo de Cristo. En un sentido, todo el mundo necesita algunas cualidades básicas para el liderazgo; en particular, esto es cierto hoy en día donde hay tantos padres y madres solteros.

Como líderes debemos ser:

3 *Personas de oración.* Es difícil de explicar con palabras lo convencido que estoy de esto. Está muy claro en la Palabra de Dios y la mayoría de los líderes están de acuerdo aunque sea de labios, ¿pero dónde están los que hacen esto una realidad práctica en su diario vivir?

Tal vez el libro más famoso que nos desafía a esto sea *El poder a través de la oración*, de E.M. Bounds.

También debemos ser:

4 *Motivadores de la gente.* Debemos alentar, en otros, un alto concepto de la soberanía de Dios. Debemos fomentar normas de alta calidad en los detalles de la vida cristiana diaria y el trabajo: la valentía para reprender con amor; para dar elogios; para mantener el sentido del humor; en la calidad del trabajo realizado, en delegar responsabilidades; en darle seguimiento; en mantener informados a los demás y en ser sistemáticos y organizados. Mientras mayor sea una organización, más complejo será el desafío.

Les he dicho a los líderes jóvenes que a cada palabra de corrección le debe preceder muchas palabras de afirmación y aliento. Incluso una llamada telefónica o una carta de ánimo pueden ser de gran bendición para las personas en medio de la batalla.

Como líderes en la obra misionera necesitamos estar:

5 *Comprometidos con un alto nivel de comunicación.* Gran parte de esto será dentro de la organización en la que trabajamos, pero lo que es más importante, debemos estar comunicándole a la iglesia las necesidades del mundo. La comunicación clara sobre el asunto prohibido del dinero es vital si las visiones se van a llevar a cabo.

He tenido luchas escribiendo este capítulo, ya que me resulta difícil expresar lo que está ardiendo en mi corazón, sobre todo porque ya hay muchos buenos libros sobre liderazgo. Espero que mi último punto les muestre algunos de estos libros.

El líder necesita ser:

6 *Lector*. Espero que ustedes estén leyendo la Palabra de Dios junto con poderosos libros cristianos y, que a partir de allí, descubran una gran variedad de libros, revistas, casetes y vídeos, incluyendo algunas realmente grandes películas.

Hay una gran variedad de libros sobre el liderazgo y los líderes deberían usarlos. Sin embargo, no solo deberíamos leer libros cristianos, sino toda una gama de otros libros y revistas.

Es un camino riesgoso porque hay mucha basura por ahí, pero como líderes debemos elegir este camino, no hay otra manera bíblica.

Espero que lo que he comentado aquí les abra el apetito por el estudio de algunos de los grandes libros sobre el liderazgo. Desde que comencé a escribir este libro, se publicó *Future Leader*, escrito por una líder de Operación Movilización, y te insto a que lo leas, junto con los siguientes títulos.

Sugerencias para la lectura:

- William C. Pollard, *Soul of the Firm*, Zondervan.
- Vivian Thomas, *Future Leader*, Editorial Paternoster.
- J. Oswald Sanders, *Liderazgo espiritual*, Editorial Portavoz.
- Tom Marshall, *Understanding Leadership*, Sovereign.
- Paul Beasley Murray, *Dynamic Leadership*, Monarch Books.
- Paul Beasley Murray, *A Call to Excellence*, Hodder and Stoughton.

- David W. Bennett, *Leadership Images from the New Testament*, OM Publishing.
- John C. Maxwell, *Desarrolle los líderes que están alrededor de usted*, Grupo Nelson.
- John C. Maxwell, *Las 21 cualidades indispensables de un líder*, Grupo Nelson.

Libros de referencia:

- H.A. Hodges (prólogo), *Unseen Warfare*, Mowbray.
- A.W. Tozer, *Leaning into the Wind*, OM Publishing.
- A.W. Tozer, *La raíz de los justos*, Editorial Clie.
- Ralph Shallis, *From Now On*, OM Publishing.
- Frank Retief, *From Tragedy to Triumph*, Nelson Word Ltda.
- C.S. Lewis, *El problema del dolor*, Editorial Caribe.
- C.S. Lewis, *Cristianismo... ¡y nada más!*, Editorial Caribe.
- Bill Perkins, *When Good Men Are Tempted*, Zondervan.
- Lois Mowday, *The Snare*, Alpha.
- John Piper, *¡Alégrense las naciones!*, Editorial Clie.
- David Seamands, *Curación para los traumas emocionales*, Editorial Clie.
- E.M. Bounds, *El poder a través de la oración*, Peniel.

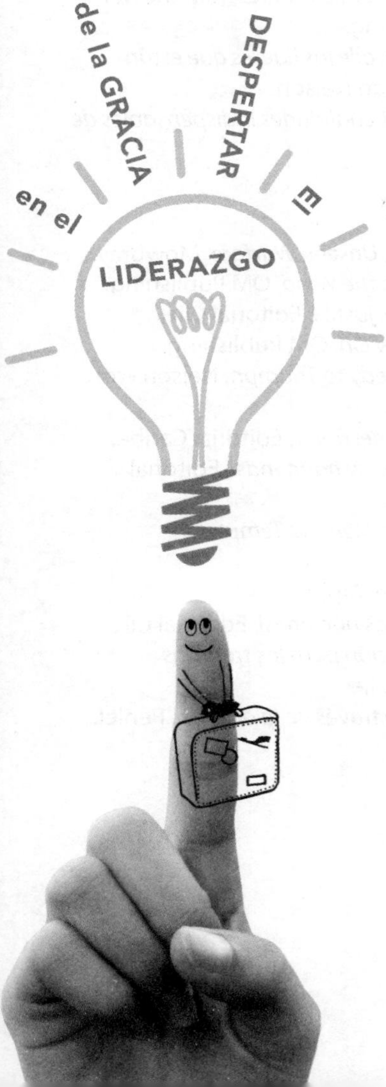
El
DESPERTAR
de la GRACIA
en el
LIDERAZGO

Ayudemos a cumplir la Gran Comisión: Movilizadores de misiones

Este capítulo está dedicado a las personas que quieren ser «movilizadores de misiones». ¿Qué queremos decir con esto? Me refiero a los cristianos que tienen la visión de contribuir con el cumplimiento de la Gran Comisión, ver al mundo evangelizado y que quieren involucrarse en realidad, no solo para ser evangelizadores, sino también para animar a otras personas a que participen. Todo esto, en obediencia a la Palabra de Dios que nos dice con claridad en 2 Timoteo que debemos darles a otros de lo que recibimos, de modo que estos, a su vez, les den a otros también:

> Lo que me has oído decir en presencia de muchos testigos, encomiéndalo a creyentes dignos de confianza, que a su vez estén capacitados para enseñar a otros.
> (2 Timoteo 2:2)

Si vamos a ver al mundo evangelizado, tienen que suceder grandes cosas. Así que creo que la movilización para las misiones es algo en lo que debe participar cada creyente comprometido.

Es importante darse cuenta de cómo Dios puede usar en esta gran tarea a cualquiera que ame a Jesús. Muchos de ustedes conocen mi testimonio de cómo Dios me lanzó a las misiones y a su movilización con solo diecisiete años de edad. A los dieciocho años, Dios me envió a México, y ese fue uno de los lugares donde nacieron las misiones de corto plazo que ha aceptado la mayoría de las agencias misioneras en todo el mundo.

Si volvemos la vista atrás a las últimas tres décadas, nos podemos alegrar con los ochenta mil hombres y mujeres, casi todos jóvenes aunque no de manera exclusiva, que se han movilizado para las misiones. En muchos de estos casos, su participación con nosotros solo fue durante un verano o un año. Sin embargo, un increíble por ciento de esas personas son ahora «movilizadores de misiones» o están plantando iglesias entre los no alcanzados al realizar diferentes tareas. También en este grupo están los que tienen trabajos seculares, pero que siguen alentando la causa de las misiones. Al mismo tiempo, otras agencias, como «Juventud con una Misión», «Cruzada Estudiantil y Profesional para Cristo», y muchas otras más con gran fuerza misionera, se han levantado y trabajan con iglesias locales o plantan nuevas iglesias moviéndose por todo el mundo en obediencia al Señor Jesucristo.

Una vez tras otra, recuerdo el gran desafío de la Gran Comisión de ir por todo el mundo y predicarle el evangelio a toda criatura. El llamado está en los cuatro Evangelios en diferentes términos y, después, tenemos la expresión final antes de que Jesús ascendiera al cielo:

> Pero cuando venga sobre ustedes el Espíritu Santo recibirán poder, y serán mis testigos en Jerusalén, en Judea, en Samaria, y hasta lo último de la tierra. (Hechos 1:8, RVC)

En esta época, una de las cosas que más arde en mi corazón es la pequeña frase «hasta lo último de la tierra». Por eso quiero hablarles acerca de doce principios para ser «movilizadores de misiones», como parte de nuestra obediencia al mandato de Cristo.

Primer principio: «Compromiso bíblico y realista con el Señor Jesucristo y su señorío»

Sin duda, este primer principio es un proceso continuo. Pueden existir crisis repentinas donde comenzamos a entender el señorío de Cristo, pero después tenemos que continuar aprendiendo todo lo que eso implica. Como en todos los campos del servicio cristiano, es importante reafirmar una vez más que nuestras prioridades son conocer a Dios, caminar con Jesús y experimentar la continua realidad de su Espíritu Santo en nuestra vida. El Espíritu Santo es el Jefe Ejecutivo de las misiones mundiales. Esto se ve con claridad en grandes pasajes como Hechos 13, donde la iglesia esperó a Dios en oración y el Señor, a través de la iglesia, envió al primer equipo misionero, incluyendo a Pablo y Bernabé, al campo de la cosecha.

Segundo principio: «Toma posesión de la tarea de evangelización mundial»

Los cristianos deben tomar posesión de las misiones mundiales. He notado la tendencia en muchas personas a pensar que la tarea la va a hacer otra persona o algún grupo misionero. También he notado, en las reuniones alrededor del mundo, que parece que solo un pequeño número de personas es el que toma posesión en realidad de la Gran Comisión que nos ha dado el Señor. La preocupación por la movilización misionera implica un sentido de responsabilidad personal, así como desarrollar el entendimiento de las necesidades, los desafíos y los problemas que hay en los campos misioneros. Por eso, son esenciales los libros como *Operación Mundo*. Estoy convencido de que todo cristiano comprometido debería leer ese libro, orar a través de él y distribuirlo a otros. Sin duda, es el gran libro misionero de todos los tiempos. Les animo a que lo lean y oren, a fin de tomar posesión de la tarea de evangelización mundial y sentir una responsabilidad real. Sin embargo, no solo lo deben leer, sino también hacer algo al respecto y entrar en la acción.

Tercer principio: «La oración y el conocimiento de la batalla espiritual»

Sabemos que en todos los temas bíblicos la gente puede irse a los extremos. Esto siempre me preocupó, pero hoy vemos personas que reaccionan al extremismo y caen en el congelador de la tradición, de juicio, legalismo, u ortodoxia. Entonces necesitamos un trabajo constante del Espíritu Santo.

Muchos me habrán escuchado repetir la historia acerca de D.L. Moody que hacía hincapié en la necesidad de ser llenos del Espíritu una vez tras otra. Un día, una señora le pregunta: «Señor Moody, ¿por qué siempre dice que debemos ser llenos una y otra vez?»; él contestó: «Porque tengo fugas». Creo que muchos cristianos pueden relacionarse con esa respuesta. Gracias a Dios que Él nos puede llenar una y otra vez, como leemos en Hechos 4:31:

> Después de haber orado, tembló el lugar en que estaban reunidos; todos fueron llenos del Espíritu Santo, y proclamaban la palabra de Dios sin temor alguno.

Vemos que los creyentes se reunieron en oración, el lugar tembló, todos fueron llenos del Espíritu Santo y salieron a predicar la Palabra de Dios con valentía. ¡Qué desafío!

La oración está en el corazón de la acción, y un movimiento de oración mundial debe correr paralelo con cualquier tipo de movimiento misionero mundial. Los diferentes creyentes se acercan a la oración con diferentes puntos de vista, pero debemos reconocer que, sin la oración, la movilización misionera nunca se llevará a cabo en la escala que se necesita.

Tenemos una clara enseñanza en Mateo 9:37 y 38 (rvc), en las palabras de nuestro Señor Jesucristo:

> Entonces dijo a sus discípulos: «Ciertamente, es mucha la mies, pero son pocos los segadores. Por tanto, pidan al Señor de la mies que envíe segadores a cosechar la mies».

Si queremos obreros, tenemos que orar al Señor de la mies para que los envíe a los campos para cosechar la mies. Así que la movilización de misiones, en cierto sentido, se inicia en las rodillas, o en cualquier otra postura que se pueda adoptar para orar. En realidad, muchos creen que la mejor manera de orar es caminando.

La sabiduría y el discernimiento son esenciales cuando se considera pasar a la acción en las misiones. A.W. Tozer dijo que el mayor don que más necesitamos en la iglesia hoy en día es el don del discernimiento. Esto no solo viene de un modo sobrenatural, sino también cuando nos saturamos con las Escrituras, cuando la leemos mucho, cuando tenemos compañerismo con una amplia gama de personas piadosas y cuando nos mantenemos en sintonía con lo que está sucediendo en los países que nos preocupan y nos ocupan.

Espero que puedan leer libros que enseñan sobre la oración. Uno que estoy recomendando últimamente se titula *Don't Just Stand There, Pray Something* [¡No te quedes allí parado, ora algo!], por Ronald Dunn, y muchos otros más que pueden ayudarnos en este aspecto de nuestra vida y ministerio.

Cuarto principio: «El desarrollo de objetivos y metas en oración»

Uno de los aspectos más criticados de la red mundial AD 2000, con su visión de movilizar doscientos mil nuevos misioneros, es el de que tienen metas y objetivos que son demasiado altos. Bueno, eso puede parecerles así a algunos, pero creo que hay que reconocer, como cristianos, que a menudo nuestras metas y nuestros objetivos son demasiado bajos. En el movimiento AD 2000 para la movilización de nuevos misioneros, después de mucha conversación, meditación y oración, queremos apuntar a la movilización de doscientos mil nuevos obreros hacia los campos de cosecha. Otros tienen objetivos aun más altos que estos. En realidad, algunos de los objetivos puramente nacionales son tan enormes que, si se cumplieran todos, se sobrepasaría la meta de doscientos mil. Lo que necesitamos son tareas en las que podamos ver una combinación de lo «posible» y lo «imposible». Queremos llenarnos de fe, pero queremos ser realistas, ¡y no tenemos ningún problema si terminamos con un número mayor a doscientos mil misioneros!

Cuando pensamos y oramos por el establecimiento de objetivos, un pasaje importante es Lucas 14, donde se nos dice con claridad que debemos calcular el costo de lo que nos proponemos hacer. Cuanto más calculamos el precio de movilizar tal ejército de misioneros, la tarea parece mucho más gigantesca e inalcanzable. No solo nos referimos a misioneros que salen de lugares como Canadá, Estados Unidos e Inglaterra (campos tradicionales de envío). Nos referimos a personas que cruzan los límites en sus propios países, indios de trasfondo cristiano que cruzan la calle y se encuentran con musulmanes o que van al norte de su país donde hay novecientos millones de ellos.

Hemos visto que las misiones se han convertido en internacionales y globales en las últimas dos décadas, lo cual es algo muy emocionante. Por lo tanto, nuestra visión en términos de movilización para las misiones, incluye la gran mayoría de países en el mundo, donde cada agencia misionera en particular tenga metas y objetivos, al igual que cada iglesia local.

Dios ha levantado una gran variedad de instituciones. Una de las cargas más grandes que tenemos en AD 2000 es poder formar una red unida aunque haya cosas con las que no estemos de acuerdo en su totalidad y que a veces causan problemas. Va a ser complicado, habrá problemas de relaciones. Sin embargo, al enfrentar estas dificultades hay que decidir poner en práctica la enseñanza bíblica de 1 Corintios 13 acerca de la paciencia, el amor y el perdón. Debemos estar en contra de la «chusma», debemos creer lo mejor. Si hay problemas con un hermano o con un grupo que consideramos que nos ofendió, debemos tratarlo y resolverlo en privado y buscar la unidad bíblica. La unidad bíblica es esencial si vamos a ver las metas y los objetivos cumplidos.

Al mismo tiempo, no podemos ser poco realistas. No podemos emplear mucho tiempo, esfuerzo y dinero tratando de construir una especie de unidad artificial que no refleje la situación en el mundo real. Nunca ha habido una completa unidad desde Pentecostés y es poco probable que suceda ahora. Es un aspecto en el que vamos a tener que encontrar el equilibrio, lo cual es esencial si vamos a llevar a cabo esta obra.

¿Tienes metas personales en lo que respecta a las misiones y a la movilización para las misiones, así como en cuanto a las finanzas que tanto se necesitan para las misiones? Si cada persona que tenga cierto grado de entendimiento, sabiduría y compromiso tuviera como objetivo la movilización de otros diez, ¿te puedes imaginar lo que sucedería en el mundo? La movilización para las misiones es trabajo en equipo, en lugar de ser la labor de un «llanero solitario» que de alguna manera tenga un don especial para movilizar a otros. En realidad, los que casi siempre pueden hacer esto son los equipos. Necesitamos pequeños grupos, iglesias y comités de misiones en todo el mundo que pasen tiempo en oración, y que analicen y desarrollen metas y objetivos concretos con respecto a la evangelización mundial en obediencia al Señor Jesús.

Quinto principio: «El desarrollo de un mayor conocimiento de las misiones mundiales»

Necesitamos mejorar nuestro conocimiento de las misiones mundiales. Podemos hacer esto mediante la lectura de materiales clave, ver vídeos y escuchar casetes, CD o MP3. A continuación, una vez que lo absorbamos todo, podemos ayudar a otros para que tengan acceso a dichos materiales. En este momento no hay suficientes personas involucradas en las misiones, así que no solo necesitamos pequeños grupos dentro de las iglesias, sino de cientos de millones que en todo el cuerpo de Cristo tomen posesión de esta gran tarea.

Creo que tenemos que aumentar diez veces la cantidad de información disponible sobre las misiones y que tenemos que utilizar todos los métodos de comunicación disponibles para hacerlo, si es que deseamos lograr los muchos objetivos que nos trazamos, en especial los relacionados con AD 2000 y más allá. Esto va a implicar un desembolso enorme de recursos financieros.

En un artículo que escribí, menciono que hacen falta cien millones de tratados para movilizar las misiones. No creo que sea mucho. Es increíble todo lo que ya se está publicando, pero si podemos multiplicar todo por diez, creo que esto llevaría al movimiento misionero más grandioso de todos los tiempos. Esto, a su vez, nos permitiría cumplir las metas y los objetivos inmensos que tenemos como lo son alcanzar a cada persona y plantar una iglesia en cada grupo étnico para el año 2000 (muchos ya habrán leído el manual de AD 2000, literatura esencial). Como lo veo ahora, necesitaremos muchos años después de iniciado el nuevo milenio antes de que esto suceda en realidad. Debemos admitir que estamos muy retrasados.

En lo personal, creo que quizá no sea bueno fijar la fecha del año 2000, pues la movilización tiene que continuar. Al mismo tiempo, nuestro corazón clama: «Cuanto antes, mejor», debido a que sabemos que esos objetivos están relacionados con personas perdidas, personas reales, que están pasando a la eternidad sin el conocimiento de Cristo.

Este es un campo en el que todos pueden participar con facilidad. ¿Por qué no invertir unos pocos dólares, libras esterlinas, pesos, cualquiera que sea la moneda de sus países, en materiales para la movilización de las misiones que puedan llevar consigo y tenerlos a mano cuando surja la oportunidad? Úsenlos ustedes mismos, pero distribúyanselos a otros también para que puedan utilizarlo. Tengan «fiestas misioneras» en sus hogares, donde muestren un vídeo y entreguen literatura. Es ilimitado lo que podría suceder si Juan y María, cristianos comunes y corrientes, se dieran cuenta de todo lo que pueden hacer para alcanzar a millones de personas en todo el mundo.

Sexto principio: «La recopilación de información sobre las puertas abiertas donde puedan entrar nuevos obreros»

Hay una avalancha de información sobre esto, pero el cristiano promedio no la tiene. Mi recomendación es que cada «movilizador de misiones» se mantenga en contacto con al menos una docena de organizaciones o grupos misioneros; obtenga su información y conozca las puertas abiertas. Esto exige correspondencia, llamadas telefónicas, faxes, correos electrónicos y redes sociales. Cuando pensamos en todos los métodos de comunicación que tenemos hoy, en realidad no tenemos excusa para la inacción. ¿Se pueden imaginar al apóstol Pablo con un celular o una computadora a su alcance? Dios nos ha dado esas cosas como recursos, así que no debemos tenerle miedo a la alta tecnología. Esta se puede utilizar mal, pero eso nos debe dar la pauta para que tengamos cuidado de usarla como es debido. Podemos usar estos medios para alentar a otros, orar, exhortar, conseguir peticiones de oración, etc. Por lo tanto, necesitamos miles de grupos de oración bien informados con las necesidades específicas al día de los grupos no alcanzados.

El movimiento «Adopte un pueblo» es parte vital para esto. Gran parte de los tratados de la red AD 2000, así como muchas de las secciones de Lausana y WEF, pueden entrelazarse para intentar lo imposible. Mientras tanto, debemos darnos cuenta de que en medio de todo esto, como dijera Ralph Winter, hay un lugar para las pequeñas agencias misioneras recién nacidas. Hay miles de ellas en todo el mundo, en lugares como India, Brasil, Corea y muchos otros países.

Los que tenemos décadas de experiencia en las misiones debemos ser generosos a la hora de compartir nuestra experiencia con estas nuevas agencias, a fin de ayudarlas a evitar algunos de los errores que cometimos nosotros. Esta es otra razón por la que creo que las redes de comunicación son tan importantes. Hay puertas abiertas y creo que la gente de a pie y los reclutas potenciales van a responder. Primero, sin embargo, tienen que estar en posesión de la información. Necesitamos miles de equipos de movilización que trabajen a tiempo completo en esta tarea, aunque la mayor parte del trabajo la van a realizar los llamados laicos, personas que tienen trabajos comunes.

Creo que no debemos permitir la competencia entre los que trabajan a tiempo completo y los que pueden comprometerse solo en parte de su tiempo. Debemos ver a través de un despertar de gracia que las barreras desaparecen entre las diferentes estrategias, los diferentes grupos, las diferentes formas de hacer las cosas. Por eso creo que uno de los libros más proféticos hoy en día es *El despertar de la gracia*, por Charles Swindoll. Quisiera que ese libro fuera literatura obligatoria para los que están involucrados en la movilización para las misiones.

Los desafíos espirituales básicos y el desafío misionero deben estar «casados», al igual que el trabajo en tu propia ciudad y en tu iglesia debe estar ligado al alcance mundial. Esto implica trabajar juntos, aunque muchas veces habrá quebrantamiento y arrepentimiento debido a que el camino del Calvario no va a ser fácil.

Séptimo principio: «Nuestra relación con la iglesia»

Cada movilizador comprometido tiene que estar involucrado en una iglesia local. Diferentes personas responden al reto de ser un movilizador de misiones en el contexto de la iglesia de distintas maneras y la respuesta de las iglesias también es muy variada. Este es otro campo en el que hay que evitar las generalizaciones, las críticas y, por supuesto, el extremismo, porque Satanás anda como un león rugiente (y sutil al mismo tiempo) buscando a quien devorar en el campo de las relaciones dentro de las iglesias.

En las pasadas décadas, el extremismo de las iglesias locales hirió a muchas personas. Nosotros, en las agencias misioneras, sabemos que también hemos herido a la gente cuando no hemos tenido la gracia suficiente o hemos tenido mano dura o hemos sido dictatoriales. No va a ser fácil, pero a medida que avanzamos en el poder del Espíritu Santo y asumimos actitudes de humildad, franqueza y educabilidad, creo que podemos ver un nuevo día en lo que respecta a nuestras relaciones en la iglesia. Esto sucederá a medida que trabajamos juntos para movilizar a las misiones y al ver que saldrá el por ciento de financiación adecuado de las iglesias locales hacia las regiones remotas, a las que muy a menudo solo se les da las migajas de la mesa.

Cuando tratemos de involucrar a las iglesias locales en la visión de las misiones (y, por supuesto, hay muchas iglesias locales que les presentan a otros la visión), usemos un enfoque menos amenazante. Por eso el libro *Re-entry*, de Peter Jordan, es una lectura esencial cuando los misioneros vuelven a casa, a fin de prepararse para reingresar a su ciudad y a su iglesia. A más de un joven que planeaba una carrera misionera lo han atacado el desaliento y otros de fuego durante el período de reingreso después de un trabajo misionero a corto plazo. Tenemos que trabajar para comprender este problema, aprovechar al máximo el material disponible y aferrarnos a los principios que se encuentran en 1 Corintios 13.

Los libros clave son *Sirviendo al enviar obreros*, por Neal Pirolo, y *Cultivando amistades*, por Betty Barnett. Todo el material que existe en libros, casetes y vídeos es increíble, pero la distribución es muy limitada. ¿Te comprometerías a distribuir todo este material impactante en tu propia iglesia o en cualquier parte que vayas? Cada uno de los movimientos misioneros y las agencias son centrales en las misiones. Si estás en algún grupo, sé un «movilizador de misiones».

Octavo principio: «La necesidad de distribuir libros clave, casetes y otros materiales»

Ya mencioné algunos de estos recursos. Sin embargo, uno de los grandes libros que quiero sugerir es *Prioridad uno*, por Norman Lewis. Una de nuestras peticiones de oración es que podamos ver más de materiales como este traducido a otros idiomas.

Tengo en mi mente alrededor de veinte idiomas en los que me gustaría ver la traducción de esos materiales. En la actualidad, lo que se está produciendo es muy inadecuado. La montaña que de inmediato se alza amenazadora delante de nosotros (y esto ocurre cada vez que hablo con alguien sobre los recursos necesarios para la movilización de las misiones) es: «¿De dónde sacamos el dinero?». La respuesta está en el compromiso con la oración intercesora que liberará fondos para las misiones mundiales, y en el compromiso de la recaudación bíblica de fondos.

Hermanos y hermanas, necesitamos comprometernos en oración intercesora, a fin de que Dios libere los fondos para las misiones mundiales. En las Escrituras lo vemos con claridad, así que necesitamos comprender el modo bíblico de recaudar fondos. Hay muchos libros, casetes, CD y DVD que nos pueden ayudar en esta tarea. Sin embargo, a la hora de desarrollar la forma de pensar y de actuar, tengamos cuidado de no menospreciar a otra agencia u otro grupo porque creamos que sus métodos de recaudación de fondos no son espirituales. Todos nosotros en un momento u otro hemos sido muy poco espirituales en este contexto. Quien esté sin culpa, que lance la primera piedra.

Sin duda, la unidad de Dios está en medio de la diversidad, por eso necesitamos una estrategia mucho más bíblica y compasiva para liberar las finanzas. Necesitamos entender el estilo de vida bíblico y evitar los extremos en todo el espectro. La gente tiene que entender las claras enseñanzas de Jesús acerca de hacer tesoros en el cielo, y que es más bienaventurado dar que recibir. Tenemos que pensar de nuevo en la historia de la ofrenda de la viuda. Al mismo tiempo, tenemos que estudiar la historia y darnos cuenta de la manera en que Dios ha usado con poder a personas comunes que con trabajo duro y sacrificado ganan sus recursos y, luego, los comparten con las iglesias y las agencias misioneras por el bien de la evangelización mundial. Para mí esto es muy importante y emocionante.

Noveno principio: «El deber de contactarnos con la mayor cantidad de agencias que nos sea posible»

Un beneficio adicional de los fuertes vínculos de comunicación es que va a ayudar a acabar con la ignorancia de algunos que parece rodear a la evangelización mundial. La gente no investiga lo suficiente antes de dar sus ofrendas. Incluso, una vez hechas las investigaciones, es posible que no sean ciertas las historias de grandes acontecimientos en la evangelización. Esto provoca desconfianza con respecto al movimiento de las misiones y será una de las más ingeniosas armas que usará Satanás mientras establecemos nuestras metas para el futuro.

En Proverbios 18, y en muchos otros lugares de las Escrituras, se nos dice que debemos comprobar la información antes de abrir la boca y hablar. Sin embargo, no debemos dejarnos intimidar por estos problemas, pues entonces no haríamos nada.

El importante pasaje de Filipenses 2:3, que nos invita a que consideremos a los demás como superiores a nosotros mismos, es vital en este contexto. Cuando nos ponemos en contacto con una amplia gama de agencias, necesitamos estimarlas e interesarnos en lo que están haciendo. No te desanimes por alguna mala noticia, ni por alguna cosita que hayamos leído acerca de ellas, y mientras tanto dejar de ver el cuadro completo de cómo Dios ha usado a muchas iglesias, organizaciones y movimientos, a pesar de sus fracasos, debilidades y pecados.

Esto nos unirá mucho más. No todos podemos trabajar juntos a un nivel práctico, pero sí podemos tener una buena actitud hacia otras organizaciones dentro del Cuerpo de Cristo. En el trabajo misionero existen muchas tensiones, algunas se consideran en otros lugares de este libro, y tenemos que aceptar la paradoja de que nuestra unidad va a estar en medio de la diversidad.

Cuando vemos que las personas se interesan cada vez más en las misiones y leen al respecto, quizá el siguiente paso sea el de animarlas para que vayan a alguna actividad de misiones. Casi todas las grandes naciones están teniendo actividades misioneras y, por supuesto, también las tienen las iglesias y las agencias. Podemos lograr que la gente se interese en estas actividades. ¡No nos desanimemos porque no nos guste la música! Qué triste es ver que en el Cuerpo de Cristo se discute por el estilo de la música cuando la historia demuestra con claridad que el Espíritu de Dios ha utilizado una amplia variedad de música para llevar a la gente a caminar más cerca de Cristo. Con este fin, el Señor ha usado la música de nuestro hermano Keith Green y de muchos otros. Así que, no te obsesiones por las cosas en las que no estemos de acuerdo. Como dice Swindoll en su libro, tenemos que aprender a estar en desacuerdo y continuar con los principios básicos de la vida cristiana para presentarle el evangelio a todo el mundo. Por eso tenemos que mantenernos informados sobre estas actividades misioneras, sin importar lo pequeñas que sean.

Los que dirigimos estas actividades, y los que participamos de otras maneras, debemos ser sensibles a la gran variedad de personas con las que tratamos. No seamos controvertidos a propósito. A veces, esto puede ser una trampa de nuestro ego. Recibimos una atención especial de ciertas clases de personas y esto no siempre es saludable. También debemos escuchar a las personas que no estén de acuerdo con nosotros y a las que crean que somos extremistas y que exageramos las cosas. De ese modo, podemos construir la unidad y seguir adelante con las principales prioridades.

Décimo principio: «La involucración de la gente en la evangelización»

No tenemos que ver la evangelización local en oposición a la evangelización en otras partes del mundo. Hay grupos no alcanzados en medio nuestro, al igual que los hay en muchos países del mundo. Es algo muy esencial que las personas comprometidas con las misiones alcancen tanto a los que vienen a nuestro país, como a los estudiantes y los obreros de los países más necesitados.

A su vez, es muy valioso mandar a personas fuera de su país, a fin de que tengan una experiencia de aprendizaje y también porque ha resultado ser una estrategia de Dios, no solo para evangelizar, sino también para plantar iglesias.

Traten de dirigir a las personas que estén alentando para las misiones para que tengan una experiencia a corto plazo, ya sea un verano, un año o dos años. No hay que tener un llamado especial para esto. Dios guía a distintas personas de distintas maneras. Para algunos puede ser una experiencia de uno o dos años para después volver y ser uno que envíe en lugar de que sea uno al que envían (aunque en cierto sentido todos debemos ser ambas cosas). Un gran número de misioneros a tiempo completo surge de las misiones a corto plazo.

Undécimo principio: «La educación formal»

La educación formal es un poderoso recurso para la movilización misionera Esto no es solo para los que pueden ir a institutos bíblicos. Gracias a Dios, la mayoría de los institutos bíblicos tienen un buen compromiso con las misiones y, tradicionalmente, las agencias misioneras trabajan mucho con los mismos.

Necesitamos una estrategia que los abarque a todos, incluyendo a los que nunca tuvieron el privilegio de educarse en nivel secundario ni superior. Una vez tras otra vemos al Señor enviando personas con conocimientos básicos. En el campo misionero, no solo necesitamos teólogos y sofisticados plantadores de iglesias que son brillantes en el aprendizaje de idiomas.

Necesitamos personas que trabajen entre bastidores: mecánicos y secretarias, contadores y operadores de computadoras. Qué triste es que haya tantas personas que desconozcan la gran variedad de trabajos que hace falta cubrir. Es más, necesitamos gente que trabaje en las oficinas locales, pues el desafío no está en la geografía, sino en la realidad. Si quieres estar en el centro del movimiento misionero, tienes que meterte en la corriente con las personas que se mueven en esa dirección, ya sea que trabajes en tu propio país o que estés plantando una iglesia en Turquía, Afganistán o en otra inmensa nación donde la iglesia es tan pequeña. ¡Gloria a Dios por los movimientos de institutos bíblicos y misioneros que se unen para trabajar!

Así que, considera la posibilidad de ingresar en un instituto bíblico durante un año o dos, tal vez cursando estudios en las misiones y llegando a conocer la Palabra de Dios. Aunque sea, infórmate y visita esos lugares. Además, fíjate en lo que están haciendo, en vez de dejarte llevar por lo que dice la gente.

Duodécimo principio: «La evangelización de las minorías étnicas donde vivimos»

Este es mi último principio, aunque debe haber muchos más que se pueden agregar a mi lista. Ya mencioné esto, pero quiero enfatizarlo de nuevo.

Cuando hablo de la evangelización de las minorías, no me refiero a que no se deba enfatizar en la evangelización de las personas de nuestra misma cultura. Muchos futuros misioneros que están allí donde vives, tal vez no se hayan alcanzado aún y no conozcan al Señor Jesucristo.

Una de las mejores maneras de mantenerse a la vanguardia de las misiones mundiales es participando uno mismo en la evangelización y, en especial, con la gente de otros países que quizá vivan justo en nuestro medio. Ten cuidado con las luchas que tendrás que afrontar cuando participes en esta. Habrá fracaso. Habrá desilusiones. Sin embargo, hay que recordar que muchas veces la desilusión en la evangelización quizá se deba a que Dios quiera enseñarnos algo mayor y mejor. Por lo tanto, tenemos que estar en contra de los dardos de fuego del desaliento. He luchado con esto durante toda mi vida cristiana, pero la gracia de Dios es suficiente.

Los grandes movimientos evangelísticos y misioneros no han estado exentos del desánimo, las pruebas y hasta el pecado. Suceden en medio de estas cosas. Sin embargo, cuando clamamos para que nos limpie la sangre preciosa de Cristo, nos renovamos a través de la obra del Espíritu Santo y volvemos a la cruz, Él nos ayudará a obedecer su mandato, a fin de llevarles el evangelio a otros.

Estoy seguro de que Dios está utilizando a muchos de ustedes que leen este capítulo más de lo que creen. Sean conscientes de las transcendencias de menospreciarse de un modo que no es bíblico, tal como estoy seguro de que lo serían para no permitirse ser orgullosos. Tengan en cuenta que Dios ya está haciendo grandes cosas en el mundo de hoy. Él está obrando a través de antiguas iglesias, nuevas iglesias, agencias más antiguas y agencias más recientes de una manera emocionante.

Espero que asumas el compromiso de ser un «movilizador de misiones». Espero verte en grandes actividades misioneras. No te pierdas lo que Dios tiene para cada uno de sus hijos. Pon tus manos sobre el arado, como dijo Jesús, y no te vuelvas atrás.

«Desordenología»

Cuando escribí por primera vez este libro, una de mis mayores cargas era ver más del despertar de la gracia, en especial entre los involucrados en las misiones mundiales. Es más, el capítulo sobre la «gracia» se combinó con el capítulo acerca del «liderazgo», a fin de que se convirtiera en algo más que podíamos dar, en un folleto llamado *El despertar de la gracia en el liderazgo*. Para ser sincero, en algunas situaciones las cosas parecen estar peor. Sin embargo, también escuchamos de muchos avances en las relaciones.

Una y otra vez nos enteramos de tensiones entre los que trabajan para alcanzar al mundo con el evangelio y muchas iglesias locales parecen atravesar divisiones muy intensas y complejas.

En lo que escribí en el pasado, creo que me faltó hablar de mi teología de la «desordenología» y quiero tratar de hacerlo ahora. Es mi propia palabra, pero la verdad es que todo se trata de Dios y de la manera en que Él obra y ha estado obrando por miles de años.

Por un lado, la Biblia está llena de enseñanza y exhortación acerca de vivir una vida piadosa de la realidad y la integridad. Si seguimos 1 Corintios 13, cambiará por completo nuestra vida y nuestra iglesia. Esto lo conté también en uno de mis primeros libros: *La revolución del amor*.

Por otro lado, vemos a Dios obrando a través de todos los tipos de, lo que llamo, «situaciones de desorden», que es de donde obtengo mi término «desordenología». Por años, he citado mi proverbio: «Donde estén reunidos dos o tres del pueblo del Señor, tarde o temprano habrá un desorden». Casi siempre la congregación se ríe. Entonces, pregunto cuántos han experimentado eso, y la mayoría de las manos se levantan. A continuación, paso a explicar la «desordenología». Solo se trata de que Dios en su paciencia, misericordia y pasión por traer a los hombres y a las mujeres hacia sí mismo, muchas veces hace grandes cosas en medio de un desorden. Eso no es una excusa para pecar, fallar o armar un desorden, y cada cristiano debe desear hacer lo contrario, pero esa es la otra cara de la moneda. Es la manera en que obra Dios. Gran parte de los Hechos y la mayoría de las epístolas demuestran esto.

El libro de Gordon MacDonald, *Rebuilding Your Broken World*, junto con muchos otros grandes libros, me han ayudado a desarrollar esta convicción o creencia, y ahora es muy fuerte en mi corazón. Me ha ayudado a comprender a Dios y la obra de Dios más que a cualquier otra cosa. A veces me refiero a esto como «gracia radical».

En cincuenta y siete años, en más de noventa países, en miles de iglesias y otras organizaciones, he observado algún tipo de desorden. En ocasiones, está involucrado el pecado evidente que necesita arrepentimiento. Otras veces es solo algo tonto o como quieras describir el comportamiento por parte de los hijos de Dios. He dicho, y lo creo firmemente, que no importa cuán llenos estemos del Espíritu Santo, seguimos siento muy humanos. Nuestra humanidad tendrá su lado hermoso y tendrá su lado desordenado.

Admiro a muchos líderes cristianos, y trato de tener una actitud con el despertar de la gracia hacia ellos, pero en todos estos cincuenta y siete años he visto líderes cristianos, incluyendo misioneros, hacer algunas de las cosas más absurdas y decir las cosas aun más absurdas... y a veces soy yo. Sin embargo, cuando he observado con más detenimiento, he visto a Dios obrando en medio de esto. No vas a querer leer esto, pero he visto a muchas personas usadas por Dios que estaban viviendo de manera clara en pecado al mismo tiempo. Hemos visto pastores usados por Dios, con personas salvadas, iglesias crecientes y personas discipuladas y, con todo, hemos descubierto más tarde que estaban en constante adulterio e infidelidad. Me refiero a personas casadas y con hijos. Desde luego, después que los descubren, muchas veces los despiden, en ocasiones se divorcian o sucede algo peor. Años más tarde, uno se encuentra a esa persona con su nuevo cónyuge y descubre que le usan en el ministerio. Si escribiera un libro, podría dar cientos de ejemplos similares. ¿Cómo lo explico? ¡DESORDENOLOGÍA!

Algunas otras palabras clave son Misterio y Misericordia. Los últimos versículos de Romanos 11 me han ayudado una y otra vez: *«¡Qué profundas son las riquezas de la sabiduría y del conocimiento de Dios! ¡Qué indescifrables sus juicios e impenetrables sus caminos!»*.

Lo más difícil para algunas personas, en especial los líderes, es cuando Dios está obrando de una manera poderosa por medio de alguien que creen que tiene una teología errónea. ¿Cómo puede ser esto? Me encuentro con personas que están molestas con algunos de los predicadores o evangelistas de la televisión y los que se encuentran en ese complejo mundo. Muchas personas me dicen que ni siquiera los ven. Artículos enteros se han escrito en contra de cierta televisión cristiana y estoy de acuerdo con algo de lo que dicen. Las cosas que he visto y oído en la televisión cristiana podría hacerme llorar, sobre todo los trucos extremos para la recaudación de fondos del denominado comercio. Sin embargo, no te sorprendas cuando llegues al cielo y conozcas a cientos de miles de personas que vinieron a Cristo a través de alguno de esos ministerios. ¿Necesitamos más de la actitud del apóstol Pablo como se muestra en Filipenses 1:15-18? Es evidente y difícil de aceptar que Dios usa ministerios y personas con los que quizá no deseemos tener nada que ver. Parece apoyar ministerios a los que yo no les enviaría ni cinco libras esterlina o euros. Queremos explicar estas cosas y tratar de que se ajusten a nuestro molde, ¡pero no se ajustan! La respuesta: «Desordenología». Necesito un libro para explicar esto en detalles. Tengo dos escritores que quieren ayudarme a escribirlo, pero dudo que se haga. ¡Sería algo muy desordenado!

Otro aspecto vital donde las cosas llegan a desordenarse mucho es en todo lo concerniente a las finanzas y al envío de fondos a los campos misioneros para las personas y los proyectos. Con historias de terror podemos «probar» cualquier cosa que deseemos; así que la gente cuenta historias de terror respecto al mal uso de los fondos en el campo y asusta a la gente para que no envíen dinero en absoluto. Una palabra de moda es la palabra «dependencia», y algunos libros y artículos muy extremos se han escrito sobre el tema. Creo que esto trae mucha confusión. Estoy convencido de que la historia mostrará que la generosidad y el riesgo de apoyar un proyecto (como una escuela), incluso a miles de kilómetros de distancia, han sido los principales factores positivos de llevar el evangelio adelante y establecer la iglesia de Dios. Me gustaría tener el tiempo y los dones para escribir un libro sobre esto.

Algunas personas no apoyarán una nueva escuela ni otros proyectos similares si no ven cómo pueden ser autosuficientes de inmediato. Ese es un grave error, sobre todo en lugares como la India. Las escuelas autosuficientes han sido el énfasis en la India por muchos años y por eso hay muy pocas escuelas buenas debido a los pobres en extremo (casi siempre los dalits o los pueblos tribales), mientras que hay miles de escuelas entre los que pueden pagar (no estoy diciendo que eso esté mal). En la compleja situación de extrema pobreza es de esperar que se les destine un montón de dinero antes de que puedan sostenerse a sí mismos. En el caso de las escuelas, quizá puedan cambiar después de un par de décadas cuando las personas que se gradúen de esas escuelas tengan puestos de trabajo. ¿La gente puede imaginar siquiera a lo que nos enfrentamos en la India con casi trescientos millones de personas atrapadas en la extrema pobreza de los intocables? Estas situaciones especiales, y hay muchas en todo el mundo, necesitan una muy especial generosidad. Uno de los grandes obstáculos puede ser el de revelar la táctica del miedo a la dependencia. Eso no quiere decir que no deberíamos ejercer el discernimiento y la investigación con relación a todo lo que demos. El factor más importante de todos es tener a la gente adecuada en el campo, a fin de que maneje las finanzas y los proyectos. Sin embargo, a pesar de que algunas cosas van mal y que tenemos un desorden, creo que la historia mostrará que Dios estaba haciendo mucho más en medio del desorden de lo que nos dimos cuenta en ese momento. Las personas, las iglesias o las fundaciones que creen que están malgastando dinero en un proyecto que fue totalmente equivocado, quizá descubran muchos resultados fantásticos de su dádiva cuando lleguen al cielo.

En todo esto necesitamos tener más sabiduría y sentido común, y sobre todo tener cuidado con lo que llamo idealismo destructivo. Si este idealismo se combina con el tipo de tendencia perfeccionista que tenemos muchos de nosotros, produce mucho desaliento, desunión y confusión. Por eso hay tantos libros que establecen la enseñanza o la agenda de alguien que da una imagen inexacta de otras personas, iglesias y organizaciones, y de lo que están haciendo. Un poco más de sabiduría, paciencia y humildad llegarían muy lejos para llevarnos a una mayor realidad y victoria.

Mientras termino este capítulo, la controversia que está pasando entre las misiones y los líderes de la iglesia es más de lo que he conocido en toda mi vida. Hay un gran grupo de personas que quieren que se les consideren bíblicas y evangélicas, pero parecen que, de una manera muy sutil, niegan los conceptos básicos de la fe como la perdición de los que están sin Cristo, la muerte vicaria de Cristo y muchas otras doctrinas básicas que casi todos los líderes y agencias han suscrito durante cientos de años.

Creo que muchos libros son muy críticos de la iglesia y del actual movimiento mundial evangélico que ahora involucra a cientos de millones de personas en casi todos los países del mundo. Parece que están diciendo que Hudson Taylor, John Stott, Billy Graham, Juan Calvino, Watchman Nee, Bakht Singh, Guillermo Carey,

Dr. Francis Schaeffer, Charles Spurgeon, D.L. Moody, Festo Kivengere, William Booth, Juan Wesley, Amy Carmichael, Agustín de Hipona, y cientos de personas más que han contribuido a que este movimiento sea lo que es hoy, estaban equivocadas. No podrían decir eso, pero eso es lo que sus escritos dan a entender con claridad. Sus libros, que se han vuelto tan populares, tienen muchas cosas buenas que decir, pero se mueven una y otra vez desde la verdad al error, dejando los lectores en la duda y la confusión que ha causado una gran desunión en el Cuerpo de Cristo y bastantes iglesias divididas. El resultado natural es a menudo la crítica de su propia iglesia o denominación. Por supuesto, hacen que muchos abandonen su iglesia y comiencen nuevas iglesias que con frecuencia se basan más en la reacción que en la verdad bíblica. Para mí, está dando lugar a un mayor nivel de «desordenología» que nunca antes. En medio de esto, lo que creo es que necesitamos más que nunca sabiduría, amor y discernimiento. Necesitamos la realidad de avanzar «con nuestra mirada puesta en Jesús» en medio de las dificultades y los desafíos.

Si llegaste hasta aquí con la lectura de mi libro, me encantaría recibir un correo electrónico tuyo permitiéndome saber lo que Dios está haciendo en tu vida. Sería de gran ayuda saber si leíste alguno de mis otros libros: *La revolución del amor, Manual de evangelización por literatura, Sed de realidad, No vuelvas atrás* y mi último libro *Gotas de un corazón quebrantado*. Es difícil creer que la distribución total haya sobrepasado al millón de ejemplares en cincuenta idiomas.

Oración por **las** misiones

Dios viviente:

Te agradecemos y alabamos por todo lo que estás haciendo en el mundo hoy. Nos damos cuenta de que estamos en medio de la más grande cosecha de personas para tu Reino que haya existido en el mundo y nos sentimos emocionados por esto. A la vez, somos conscientes de los miles de grupos de seres humanos y de tantos lugares en el mundo donde hay millones que ni siquiera han escuchado ni leído del evangelio.

Señor, mueve nuestros corazones para que no solo seamos entusiastas y obedientes, sino que también podamos aprender los principios en un nivel práctico, a fin de poder ser eficientes y estar comprometidos con la excelencia en la tarea de las misiones mundiales, sin tener en cuenta lo arduo y complejo que quizá sea esto.

Guíanos, Señor, a expresar lo que está en nuestro corazón. Además, permite que, las muchas personas que lean este libro en distintas partes del mundo, logren adaptar y contextualizar esto a su propia situación. Te agradecemos por tantas iglesias locales y comunidades que tienen esta visión y se están moviendo en las misiones y la evangelización. Te pedimos que aumentes el compañerismo y la colaboración entre las organizaciones misioneras, las iglesias locales y las agencias misioneras internacionales. Guíanos, Señor, a trabajar juntos.

En el nombre de Jesús,
Amén

Acerca del Autor

Jorge Verwer es el fundador y ex Director Internacional de Operación Movilización, que es un ministerio de evangelización, discipulado y fundación de iglesias. Jorge dirigió Operación Movilización por más de cuarenta años antes de dejar el cargo en agosto de 2003. Jorge tiene una ferviente preocupación para que se reproduzca el cristianismo vivo y revolucionario, no solo en su propia vida, sino en las de quienes conoce también.

Después de aceptar a Cristo como su Salvador a los dieciséis años de edad en una reunión de Jack Wyrtzen celebrada en el *Madison Square Garden*, Nueva York, donde habló Billy Graham,

Jorge regresó a su escuela en el norte de Nueva Jersey.

Al cabo de un año, alrededor de doscientos de sus compañeros encontraron una relación con el Dios vivo por medio de Jesucristo. Poco después de su conversión, le dijo a Dios: «Solo quiero una cosa en mi vida: Quiero aprender a orar, a amarte, quiero conocerte y tener comunión contigo». Y no se ha movido de ese principio.

Jorge tenía una creciente convicción de predicar la Palabra de Dios en tierra extranjera. Comenzó con la distribución del Evangelio de Juan en México, junto con dos amigos. Esto continuó con otros durante las vacaciones de verano, empezando en México en 1957.

Estudiando en la Universidad de Maryville, Tennessee, después de la escuela secundaria, se trasladó al Instituto Bíblico Moody, Chicago, donde conoció a una chica, Drena, que era una compañera de estudios, y quien más tarde se convirtió en su esposa. Se fueron a España, donde nació la obra de OM en 1961. El objetivo, siempre el mismo, era que juntos llegaran a conocer a Dios, discipular a los jóvenes cristianos, mientras que al mismo tiempo llevar a cabo un riguroso programa de evangelización mundial.

Hoy en día, OM se extiende por el mundo a través del ministerio de su barco *Logos Hope* y más de seis mil cien personas que trabajan en más de ciento diez naciones para hacer que Cristo sea una realidad en la vida de todos los que conocen. Durante muchos años, Jorge sirvió como Director Internacional de OM y ayudó a desarrollar el liderazgo dedicado a continuar con esta tarea por todo el mundo, liberándolo de viajar y hablar, y ayudando a muchos a encontrar su papel en la extensión del Reino de Dios.

Jorge participa de la revolución cristiana del amor por todo el mundo. Comienza en casa al hacer hincapié en la necesidad de adorar a Dios, vivir en comunión los unos con los otros, caminar en la luz y vivir una vida disciplinada como cristianos perdonados, arrepentidos y centrados en la cruz.

Ahora, Jorge y su esposa participan a tiempo completo en el Ministerio de Proyectos Especiales (todavía como parte de OM). Tienen tres hijos adultos y cinco nietos, y residen en Inglaterra.

Notas

_____

_____

_____

_____

_____

_____

_____

_____

_____

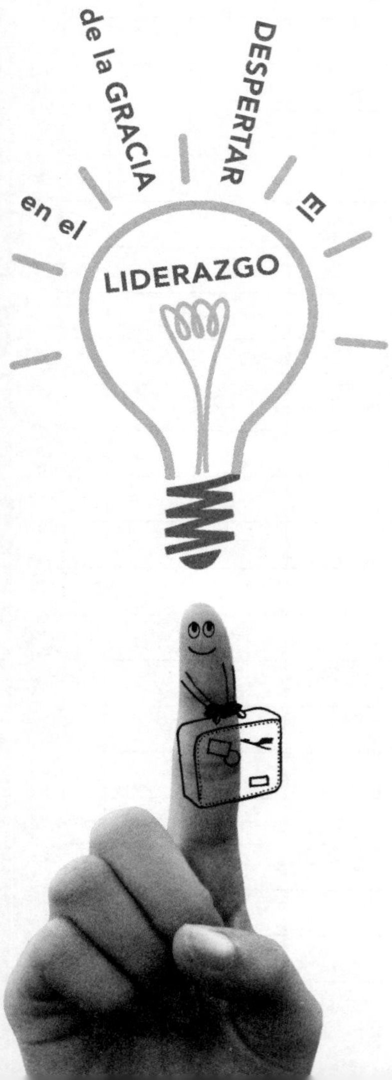
El
DESPERTAR
de la GRACIA
en el
LIDERAZGO

Otros libros de **Jorge** Verwer

Gotas de un corazón quebrantado

La vida es una asombrosa mezcla de victoria y derrota, éxito y fracaso, gozo y dolor, paz y batalla, felicidad y quebrantamiento. Sin embargo, la vida en Jesús asegura la suprema victoria sobre todas las cosas.

Gotas de un corazón quebrantado es una maravillosa colección de mensajes de Jorge Verwer. Narra y revela cómo, a pesar de la mezcla de altibajos, las vidas comprometidas con Jesús pueden avanzar en los propósitos de Él. Además, los interesados en la historia de OM encontrarán fragmentos por todas partes en esta colección y serán capaces de disfrutar la historia.

Sal de tu zona de comodidad

Este libro se escribió para líderes cristianos y, en especial, para siervos líderes que anhelan una mayor realidad en el Cuerpo de Cristo. También se escribió para cualquiera que tenga hambre de Dios y quiera entender mejor lo que Él está haciendo y deseando hacer a través de todo el mundo. De ahí que este libro sea un clamor por la realidad, el tipo de realidad que vemos expresada en la vida de Jesús y en los pasajes de su Palabra. Al igual que su autor, *Sal de tu zona de comodidad* no esquiva las balas ni evade los problemas. ¡Por eso este es un gran desafío para los cristianos del siglo veintiuno!

No vuelvas atrás

Jorge Verwer, fundador de un movimiento de misiones mundiales, examina el llamado a ser discípulo, las bases bíblicas del discipulado y el seguimiento del discipulado en la forma del trabajo práctico. También insta a cada cristiano a que dedique de nuevo su vida, presenta las armas del discípulo, enseña cómo seguir el camino cuando la marcha se hace difícil y muestra la senda para una vida de amor en acción. Sin duda, este libro constituye un reto para seguir el camino del discipulado y del servicio.

La revolución del amor

Existe un ingrediente básico que está faltando en el cristianismo de hoy en día, y la falta de esto proviene de la fuente de la mayoría de nuestros problemas. Es el cáncer que está consumiendo a la Iglesia, pero esto no es un secreto. Es más, sabemos que no es un secreto, debido a que está escrito en casi todas las páginas del Nuevo Testamento. El corazón del hombre es mentiroso y muy malicioso. Nuestra forma de vivir haciendo lo que nos parce no nos deja ver (o viendo no creemos) que el mensaje básico del Nuevo Testamento es el AMOR. En este libro, el tema de la revolución del amor se fortalece con sermones acerca del señorío de Cristo en el creyente.

DESPERTAR EL LIDERAZGO de la GRACIA en el